魅惑

從妖婦、情婦到蕩婦的禍水紅顏史

Temptress

From the Original Bad Girls to Women on Top

珍・畢林赫斯特 Jane Billinghurst 著

莊靖 譯

三言社

「珍・畢林赫斯特謳歌這些女孩的膽識——她們主宰自己的胴體，並且以她們認為合宜的方式，自豪地展現屬於她們的一切……。大多人只以非黑即白的簡單二分法來看待這些女性形象，唯有畢林赫斯特真正看出這些女人『顛覆』男性的掌控，造成了長期的正面效果。」

——迪克斯特拉（Bram Dijkstra），著有《離經叛道的偶像》（*Idols of Perversity and Evil Sisters*）一書

目錄

緒論：
天雷勾動地火

在1981年的電影《要命的吸引力》（*Boby Heat*）中，凱薩琳．特娜（Kathleen Turner）一步一步地領著她的獵物走進陷阱，最後讓他自作自受，而她則在陽光燦爛的海灘上享受自由。

女人，藏在天堂背後的地獄之門

身材高挑，風情冶艷的金髮美女，一襲白衣，迤邐穿過揮汗如雨且黑鴉鴉的人群。在那日夜交會的薄暮時分，在沈重的陰影中，一名男子目不轉睛地盯著她，沿著木板步道跟隨她走到欄杆處。這對男女略微保持一點距離，面對著夜幕下的大海。他想幫她買杯飲料，她說她要吃一球冰沙。櫻桃口味。

兩人眉來眼去，他說她保養得很好，又說希望有人也能保養他、照顧他。她建議他娶個老婆，但他回答：他只想那天夜晚受到呵護照顧就夠了，她笑得花枝亂顫，不由得被冰沙嗆到。紅色的冰晶由紙杯上落下，染得她胸前一片嫣紅，他趕忙去找紙巾來擦，但她卻轉身面對他，挑逗說：「難道你不想舔一下？」就在那一瞬間，天雷勾動地火。等他回轉，她芳蹤已杳，但她的倩影卻深深印在他心坎上。

那是西元一九八一年的電影，片名叫《要命的吸引力》，由威廉·赫特（William Hurt）飾男主角奈德，凱薩琳·特娜演瑪蒂。電影一開場，我們就看到奈德淪為瑪蒂追求欲望天堂的踏腳石，她玩弄他，他一直以為謀殺她親夫、奪財害命的戲碼由他主導。一直到電影終了，奈德被關入牢房，才明白瑪蒂找上他，是因為他最能幫她遂行所欲。

為什麼奈德會作她的幫凶？答案很簡單：他中了這位蛇蠍美人的毒計。蛇蠍美人散發出致命的吸引力，扭曲了男人的視野和見解，他非但沒有用大腦來解析他的經驗，而且只憑本能回應這位金髮（或棕髮或黑髮）美女的原始吸引力。這其中暗示的訊息是：理智才能讓世界正常運轉，一旦奈德撇開了理智的濾鏡，就只能沈淪到萬劫不復之地。

我們初見瑪蒂，就看到她躍出銀幕，在奈德的意識中熊熊燃燒。她為了要讓奈德中計，以為他可以占她的便宜，因此故意出言誘惑，要他舔她胸前的冰晶。手腕高明的蛇蠍美人心知，不論有意無意，男人腦袋裡的雷達隨時都在掃描有沒有一親女人芳澤的機會。他們對越難到手的女人，就會興起越強的追逐欲望，如果能獲得她青睞，一親她芳澤，必然意味著他卓然不群。

瑪蒂讓奈德以為她慧眼獨具，才會挑中出類拔萃的他。他追蹤她來到酒吧——這早在她意料之中，她告訴他，酒吧裡其他的男人為了爭奪她身旁的座位，殺人放火在所不惜，但她對他們從不假辭色。兩人男歡女愛時，她也清楚表示她多麼渴望他，只有他才有足夠的男子氣概，滿足她無與倫比的欲望。最後她讓他知道：她亟需他的協助，她是個手無縛雞之力的弱女子，能有什麼作為？如果她要在這弱肉強食的世界上生存，就非得要他這麼強壯有力的護花使者。聽到這種能充分滿足男人虛榮心的告白，哪個男人能夠抗拒？他沒有停步自問：瑪蒂能由這樣的安排得到什麼好處？他以為她只要能和他天長地久，欲望就從此獲得飽足。

一旦奈德被瑪蒂洗了腦，接受她對現實的看法，就不由得陷入絕境。他忽略了許多警訊，比如瑪蒂的欲火高漲，未免太貪得無饜。其他男性荷爾蒙分泌沒那麼旺盛的男人，一面對她，都意識到危險，也都提出了警告。但奈德理性思考的能力卻遠不及他對她魅力的本能反應，不理會朋友的警示而走下錯誤的一步。「你不怎麼聰明，不是嗎？」瑪蒂曾說：「我喜歡這樣的男人。」

奈德一著錯，滿盤輸。瑪蒂精心的計畫一塊塊的浮現出來，但一直到她踏上不歸路之後，她可怕的毒計才全盤揭露，而即使在此時，也只有受害者明白她墮落得有多深。在影片的終局，奈德的痛苦更深，因為唯有他才真正了解她有多麼成功。

《要命的吸引力》最後一幕，瑪蒂在熱帶海灘上消磨時光，英俊的年輕侍者送上鎮得透心涼的飲料。她顯然正逍遙自在地等待，隨時準備摧毀另一個男人的世界——因為對像瑪蒂這樣的女人而言，拜倒石榴裙下的男人多如過江之鯽。

紅顏禍水：由男人創造，女人開發

在歷史上，說故事的大多都是男人，紅顏禍水的故事就由他們口中傳承下來。依故事的年代不同，這些女人或許心若蛇蠍，教人家破人亡，也或許只讓霸王意亂情迷，卻不致威脅他們一統天下的大業。這些妖姬有什麼樣的面貌，端視敍述者對男性的優越地位有多大的信心。如果男人很有自信，紅顏禍水充其量是恣情縱欲，活力充沛；如果男人自覺脆弱，紅顏禍水就成為教人髮指的噬血掠食者，一心只想翻天覆地。

歷史上兩性權力的平衡互有高下，但自有紀錄以來，卻一直是男人占上風。野心勃勃的女性若想成功，非得付出雙倍的努力才行。有些人遺世退隱，遁入只有女性的修道世界；有些人則直接向男人挑戰，甚至與之並駕齊驅。一七〇〇年代，安・邦妮（Anne Bonney）揚帆作了海盜；一百年後，米蘭達・史都華（Miranda Stuart）化名詹姆斯・貝瑞（James Barry），在禁止女人行醫的英格蘭力爭上游，成為軍醫院的總督察。她假扮男子的行為在死後被揭穿，原本為表彰她而準備的軍方葬禮也立即取消。

也有一些女性注意到：男人總是控制不住他們的眼睛，本能地就會滑下女人的胸脯，或是投射到女人光滑的小腿上。這些敏於察言觀色的女人自然就把她們的命運繫諸女性的本錢。由歷史上看，魅惑女郎早就會以天賦的異稟來彌補她們在父權社會中的不利地位，她們知道只要會靈巧

圖中這位紅髮美女是西元前四世紀的雅典名妓，因為在宗教節慶中裸浴，而遭控大不敬罪名。她一絲不掛現身在法官面前，結果無罪開釋——證明了女性肉體影響男人腦袋的力量。

布朗傑（Gustave Boulanger，1824-88）《芙萊妮》（*Phryne*），1850年。

出牌，就能出人頭地。而她們之所以能隨心所欲，是因為只要男人一想到性，就會出現絕妙的反應。女人只要創造讓他們銷魂的期待，男人就會心甘情願傾囊所有。在男人所流傳的故事中，手腕靈活的妖姬即使殺了人，也能輕鬆脫罪。

男人對魅惑女郎的看法，說明了女人該如何發揮她們的角色。如果男人很有把握占了上風，那麼八面玲瓏的機智女性就能借助有權有勢的男人之力，提升自己的社會地位。這些男人縱容可愛的紅顏知己，心知他們的權力絕不會因此而有所動搖。比如在文藝復興時期的義大利和十八世紀復辟時期的英國，交際花能用珠璣之言和逢場作戲的魚水之歡，誘使上流社會的男人在她們身上花錢，男人向同伴吹噓自己俘虜了多少佳麗，女人則可錦衣玉食，在上流社會交際圈中創造自己的影響力。這其間有許多精彩的交手，足以增添這段關係的曲折，而不至於破壞其間的樂趣。

但若男人對自己的優越地位不那麼有信心，而女人的影響力又還不至於破壞大局時，美女依舊可人，但男人對她們的智慧和成就（這可能對男人造成威脅）就不那麼有興趣，而把注意力集中在女人的肉體上（這是男人永遠有興趣的題目）。如果時代需要，也有女人願意不顧自己的智力，而把焦點只放在純粹而毫無雜念的性，正如性感尤物梅．蕙絲（Mae West）所說的：「大腦是女人的資產，……但女人很聰明，她們會把大腦藏起來。」

這幅十六世紀的畫顯示男人對美女撈錢的本事早有戒心。他的心跳得越快，就越不在乎春宵一刻值幾金。

老克拉納赫（Lucas Cranach the Elder，1472-1553）《老情人》（*The Old Lover*）

以肉體而非頭腦吸引人的女人常會故作天真，顯示她們很容易就會被牽著鼻子走。當然，許多女人心裡想的是男人的錢包，但他也得到不需花大腦哲思的春宵作為回報，就算花了錢，或是作出什麼承諾，也是值得的。他的肉體獲得滿足，還可以向朋友炫耀他的戰利品。

故作天真的尤物主要的功用是賞心悅目，由女人的角度來看，這種誘惑法實在不費吹灰之力。只要她的臉蛋身材長得還符合流行美的標準，那麼她只消輕移蓮步，略逾暴露的尺度，男性觀眾就會上鉤。

性感小貓是所有紅顏禍水中，為害最小的一種：一旦她找到理想情人，就心甘情願俯首稱臣，而一旦愛欲消失，她就揮揮衣袖不帶走一片雲彩。這些美女通常都是金髮，尤其在一九五〇年代的好萊塢影片中大行其道，當時的男人發現（真讓他們鬆了口氣）：即使二次世界大戰鬧得天翻地覆，以男為尊的社會階級依舊未受影響，女人依舊沒有藉此掌握理家（或任何要務）的機會。

不論是自信滿滿的交際花，還是性感小貓，都生在社會階級以男性為主的時代，然而有時候，男尊女卑的社會階級運作沒那麼順利，或者男人擔心這樣的情況可能生變，這通常是在女人想要提高自己的地位之時，或社會動盪不安之際。此時，風暴襲捲而至，魅惑女郎不再惹人憐愛，而成了意圖不良的大野心家。

不論魅惑女郎出現在什麼時代，吸引情郎聞風前來的依舊是激情的腎上腺素分泌。他期待這股衝力讓他鼓足勇氣為所欲為。

范．雷茲尼塞克（Ferdinand Van Reznicek，1868-1909）「隨你為所欲為，只要不扯破我的衣服。」《酒後情侶的擁抱》（Destroy What You Like In Your Passion Except for My Dress, *Couple Embracing After Drinking Champagne*），1909年。

女魔頭vs.美麗壞女人

一般人總覺得男人是理性的，擅長建立秩序，而女人是情緒的，只會破壞秩序。男人控制大自然，而女人卻和它狼狽為奸。每當文明世界何去何從的疑惑一起，歷史學者總會提醒男人，女人和大自然的混亂混沌脫不了干係，他們細數許多前例，說女人引誘循規蹈矩的男人，會有什麼樣的結果。

一九四〇年代黑色電影中所描繪的「美麗壞女人」就是這樣的女子，她先尋覓一個受害者，利用他來達到她自私的目的。這樣的故事等於是一種警告：女人有潛在的危險，但若男人能團結一致，一切都會在掌控之中。為了強調這點，這個壞女人和她所掌控的傀儡男人，到最後都會得到報應。

只要女人不要逼人太甚，男人頂多只是描述壞女人失敗就足夠，但若世界的動盪恰好配合了女性積極爭權、而且有所進展時，男人的血壓就飆升，他們擔心女人會犧牲男人的福祉、違反男人的意願，獲取權力，因此把爭取權力和認同（或成就）的女人描繪成欲求不滿的女魔頭。

在男人妄想症中誕生的女魔頭，和美麗壞女人並不一樣，因為美麗壞女人只是一心一意要在男性掌控的體制中追求個人的勝利，而女魔頭則被描繪為黑洞一般，把男人所有的男性氣概全都吸入洞中。這樣的女人會讓男人失血而亡，僅剩下軀殼。一旦男性力量大減，女人就直撲而下，擺脫男人的陰影，接管一切。男人只要一思及此，就不由得寒毛直豎。美麗但致命的吸血女鬼和喪心病狂的形象，就由這種集體的思緒之中傾巢而出。

隨著女性在社會和政治方面的地位提升，兩性之間的互動也逐漸平衡得多。廿世紀中，像男人無法抗拒的性感尤物梅・蕙絲，和創意十足瑪丹娜這類的女性，也在男性集體構思的魅惑女郎想像中，占了一席之地。

女性在社會和政治地位上的進展，未必會犧牲男性的利益。了解這點的男人，非但能輕鬆自如地面對女性，而且也能自在地接受女人把男人看成樂趣來源而帶來的額外趣味。女人的美與智慧不再只融入女魔頭的形象，而是正等待探索的性冒險，男女雙方並駕齊驅，雙方的滿足都是要件。然而不論說故事的人是誰，魅惑女郎要保住優勢，就必須至少有一點冒險刺激、有一點禁忌、一點危險的感受。

所有魅惑女郎的故事，全都呼應男人當初為證明他們社會地位高人一等而說的故事。歷史之鏡反映出男人主宰的世界，但其實黃銅時代之前的斷簡殘篇，卻顯示古代很可能是男女共治，女人因繁衍人類這重要的任務而倍受尊重。究竟這樣的狀態為何有了改變？有諸多論點，很顯然男人一旦掌握了權力，就編造了種種故事，來說明為什麼由他們而非女人管轄一切。這些故事世代相傳，最後融入人類早期的記載，如舊約和希臘神話之中。

這些早期的魅惑女郎故事，講述的是在女人誕生之前，世上一切都順利運作的情況。說故事的男人認為，一切的苦難折磨，都是拜女人所賜。而在這些故事中，性扮演了關鍵的角色。要不是女人拋媚眼、暴露那玲瓏的腳踝、挺起高聳的雙峰，男人就會依舊待在樂園裡。然而千不該萬不該，女人竟用性讓男人失控。紅顏禍水的故事就讓男人記得這個教訓。喔，或許在顛鸞倒鳳的高潮那一刻，會教人願意付出任何代價，只求欲仙欲死，但說故事的男人呼籲：想想後果！一時的銷魂可能會帶來一生的煩惱，而女人等的就是這一刻的機會。

紅顏禍水是事實和幻想的組合，由男人創造，女人則進一步開發。如果男人安於現狀（不論其原因是他們還沒有受強勢的女人所威脅，抑或因為女人太脆弱，不致改變社會階級），他們想像的是樂於滿足他們一時之興各種嬌艷多姿的美女；若男人的信心下滑，紅顏禍水就越來越危險；若女人挺身而出，爭取自己的權益，影響兩性權力的平衡，男人就擔心紅顏禍水會反噬他們。這時，男人就會想像出致命的魅惑者會一手

在每個女人溫柔嫻靜的外表下，都隱藏著一顆熾熱愛情的心——這是男人的希望。魅惑女郎的熱情如此洋溢，如使只是路過的男人，都可以感受到那股熱力。

羅威納（Rowena），《表面》（*On The Surface*），1990年代。

造成混沌和毀滅。

只是不論這魅惑女郎是嬌嫩欲滴，還是致命的吸引力，她們都有獨特的魅力。令人心曠神怡的紅顏禍水值得男人分心，因為和她們打情罵俏趣味十足，又不致冒太大的風險。致命的紅顏禍水值得男人突如其來的繞道而行，因為隨著風險升高，期待中的滿足也隨之高漲。這就是為什麼在埃及艷后的床上春風一度，即使意味著第二天清晨就命喪黃泉，男人依舊前仆後繼，而非膽怯退縮。既已體驗到至高無上的歡愉，再活下去還有什麼意義？

本書記錄的是魅惑女郎不斷變化的誘惑之美，並展現女人在歷史上如何運用男人對紅顏禍水的想像力，來提升她們自己的優勢，現代女性又如何參與其中，塑造這幻想本身。魅惑女郎的理想形貌可能讓男人春夢連連，或冷汗涔涔，她可能是男人投射在女人身上的形象，也可能是雙方共同欲望的冒險。本書追尋她精彩的形象，隨著欲望和權謀的分子在霧氣重重的光幕下幻化，隨著世界大事在黑暗夜空的舞蹈而改變。

1

原始壞女孩

耶和華警告：「因為錫安的女子狂傲、行走挺項、賣弄眼目、俏步徐行、腳下玎璫。」

～《以賽亞書》（Isaiah）第三章第十六節

莉莉絲最早出現在蘇美人的神話中。關於她的故事，最完整的版本見諸西元十一世紀猶太文的班西勒的《字母》（*The Alphabet of Ben Sira*）。

柯利爾（John Collier, 1850-1934），《莉莉絲》（*Lilith*），1887年。

夜妖莉莉絲 *Lilith*

在英國畫家柯利爾於一八八七年所繪的畫中（見第20頁），年輕裸女略帶紅赭的金色髮絲猶如瀑布一般懸垂至腰際；雙手撫弄著纏繞在她絲緞般光滑大腿上的蛇，這條蛇爬上她曲線玲瓏的背部，牠把孔武有力的身體滑過她的肩膀，在她的雙峰上揚舌吐信。女子的雙踝被這隻動物的尾部交纏束縛，而她則把臉頰貼上牠頭部的鑽石形花紋，任牠探索。睡眼朦朧的莉莉絲顯然和這條散放著光澤的生物非常熟稔親密，由她對牠漫不經心地撫觸就可看出端倪。她感受到牠加諸在她身上的重量，也因牠鱗片在她皮膚上造成的觸感，而感到愉悅。這蛇的體積雖然巨大，卻沒有威脅性，蛇軀體的波動恰恰符合她身體的扭擺。在藝術家的筆下，莉莉絲和這邪惡的陽具象徵達到了完美的平衡。

維多利亞時期的英國男性畫家，都為莉莉絲獨立的性魅力而傾倒。神祕的莉莉絲是亞當（Adam）的第一任妻子，據中世紀猶太的傳說，和亞當地位平等的她對於亞當堅持採用固定的「傳教士式」性姿勢，大感不滿；她知道自己和亞當都是由同一塊泥土捏塑而成，因此也希望對於自己的情愛生活，同樣有發言權。她希望用這新得來的血肉作種種實驗，探索歡樂的極境。

相較之下，亞當太過一本正經。男女雙方建立性的對話、回應莉莉絲回饋給他身體的訊號、追隨不知將伊於胡底的衝動，對他而言太不可思議。他對放鬆自己、回應莉莉絲，以及尋歡作樂的渴望，所知還不夠多。他不肯聽從妻子，於是莉莉絲夜復一夜，只能將就傳教士姿勢——她的注意力，必然分心到其他的事物上，比如遼闊的星空、樹叢中生物的響動……，以及擺脫亞當的可能。

終於，莉莉絲的積怨到了難以忍受的地步。根據班西勒的《字母》記載，她不顧自己對樂園之外的世界一無所知，「甘冒大不韙，呼喚了神聖的上帝之名」，伊甸園之門開啟，她大步離去，擺脫了在性方面乏善可陳且欠缺想像力的丈夫，隻身闖蕩世界。

此後，莉莉絲的生活彷彿是一長串的歡樂派對。她來到紅海，和形形色色的可怕魔鬼尋歡作樂，恣意採取她想要的任何姿勢，生下成百上千的魔鬼子女。亞當向上帝訴苦說他的伴侶棄他而去，於是上帝便派了三位天使，要帶莉莉絲回到她該去的地方，盡她該盡的職守。但她不肯回去：她已經找到可以恣意發揮、為所欲為的樂土，而且絕不懊悔。

雖然莉莉絲展開了新生活，卻從未徹底切斷和這位曾是她丈夫的保守男人的關係。在亞當喪失了永生，生下人類之後，莉莉絲開始奪取寶寶的性命。她趁著黑夜，由敞開的窗戶爬進房裡，攫取他們的呼吸；等到不知情的父母打算叫醒寶寶時，才發現原本健康的寶寶已在睡夢中喪命。三位天使對這樣殘酷無情的行為感到髮指，他們雖不能強迫莉莉絲重返伊甸園，但卻和她談好了條件：她這種惡毒的行為只能在男嬰出生八日、女嬰出生二十日內得逞，而若寶寶身上掛著寫有三位天使聖名的符咒——西諾伊（Senoy）、桑斯諾伊（Sansenoy）、西曼喬洛夫（Semangelof），莉莉絲就得敬而遠之。

不甘於此，莉莉絲對禁絕她歡愉的男人展開復仇，不僅僅是趁著他的寶寶熟睡時把寶寶勒死，她甚至飄入獨睡男子的夢鄉。肌膚之間輕柔地觸碰，或是玉體微微地碰到床褥，都讓男人血脈賁張，對她所喚起的念頭禁不住起了生理反應。春夢遺痕，正是她帶給亞當之子的禮物，一覺醒來濕黏的一片，證明夜裡的迸發，是她到訪的唯一訊息——也讓人渴望回憶她所允諾何等神魂顛倒的狂喜。

莉莉絲徘徊在男人的欲念裡，提醒人們已然喪失或尚未到手的巫山之樂。這位女子並不害怕掌控大局，她能想像亞當無能揣摩的極樂之境。該不該縱身一躍，投入這樣一位女子的懷中——誰知道它將引領我們何去何從？男人自此舉棋不定，反覆思量。

菲莉絲（*Phyllis*）與亞里士多德

十三世紀流傳一則提醒男人必須壓抑熱情的警世故事，故事的主角是亞里士多德和他夢寐以求的佳人——揮舞鞭條的菲利絲（Phyllis）。按照十三世紀諾曼詩人亨利（Henri d'Andeli）的說法，亞里士多德在故事中受聘於亞歷山大大帝，這位年長的哲學家苦口婆心，教導年輕國王應克制自己對寵妾菲莉絲的熱情，以免輕浮的情愛讓他分心，誤了軍國大事。

如蜜桃般甘美多汁的菲莉絲因為逸樂受限，大感不悅，處心積慮復仇。於是亞里士多德時常在宮殿迴廊看到衣衫不整的菲莉絲。看哪！她又在他書房外的皇家花園裡徜徉，在色彩繽紛、香氣誘人欲醉的花朵間，她穿著薄如蟬翼的羅衫淺吟低唱。

可望而不可及的美麗軀體在上了年紀的亞里士多德身上發揮了神效，教他心蕩神馳，難以自已。他懇求菲莉絲一償他的願望，她卻提出了條件——他得先四肢並用爬進花園，讓她騎在他身上，像馬一樣供她馳騁。此時的亞里士多德色欲薰心，無法拒絕，於是爬進花園。菲莉絲一躍而上，發出勝利的歡呼，教亞歷山大大帝忍不住朝窗外探看究竟發生了什麼事情。

亞歷山大定睛一看，怒火中燒，痛罵老師要他遠離菲莉絲，原來是為了滿足自己的私心。亞里士多德或許不是菲莉絲的對手，不過他急中生智，告訴君王，如果像他這樣的老人都難抵菲莉絲的愚弄，亞歷山大這個年輕人豈不是更該遠離她，以專心國事嗎？

夏娃 *Eve*

米開朗基羅（Michelangelo Buonarroti）在一五〇九至一五一〇年間，於西斯汀教堂為教宗朱利斯二世（Pope Julius II）繪了一幅傑作《人的墮落和逐出樂園》（*The Fall of Man and the Expulsion from the Garden of Eden*）；畫中一條母蛇蜷曲在知識之樹上，而將畫分隔為左右兩景：一景是在伊甸園中的亞當、夏娃，另一景是他們被逐出樂園。在伊甸園中，亞當伸手欲摘樹上的蘋果，為求站穩而兩腿張開，夏娃坐在他面前的地上，她的臉位於他的大腿之間。這個情景說明了，在人類墮落之前，莉莉絲的後繼者除了蘋果所允諾給予的知識世界之外，也為亞當開啟了嶄新的感官世界。

狡滑的蛇在規劃人類的墮落時避開亞當，牠知道這耿直、理性的男人不會放棄悠閒的生活，切斷他與上帝之間的關聯。但夏娃可不同，她比較容易接受建議，比較好奇，對規定比較沒興趣。最重要的是，她和亞當的關係已經超越了他的理性，只要他聽到她、看到她，就會產生強烈的反射式反應。

即使是在花團錦簇、芬芳四溢的伊甸園，亞當依舊能聞到他妻子獨特的香味。她靜靜地走到他身後抱住他，就能讓他頸背的絨毛立即豎起，迎接她溫暖潮濕的氣息。他看到她彎身採花，或沿著林間小徑繞圈，玲瓏的曲線彷彿在召喚他。這是蛇的可趁之機。牠把蘋果的事告訴夏娃，同時也啟發她性愛的歡愉，教導她如何在她丈夫身上，運用她剛學習得來的知識。

只要夏娃一召喚，亞當就迎上前去。自亞當拜倒於夏娃的石榴裙下之後，夏娃這個名字就成了性誘惑的同義詞。「妳們每一個都是夏娃。」西元二世紀的神學家德爾圖良（Tertullian）指著女人的鼻子如是說。他規勸女人該控制自己的性欲。她們一張開雙腿，男人就陷入萬劫不復之地。「妳們是地獄之門」，他向她們說：「就是妳們，說服了連魔鬼都

沒有勇氣攻擊的他。」有一些早期的基督教團體也呼應德爾圖良的說法：「黑暗王子和他的同謀以類似的手法創造了夏娃，把他們自己的色欲灌輸給她，目的就是為了玩弄亞當。」

聖經章節也證明了這些學者的觀點，認為男人長久以來，一直受到號稱能創造性歡愉的女人騷擾。《箴言》（*Proverb*）第七章就提到埋伏在街頭巷尾的淫婦，她們拉住少年人、與他親嘴。她們引誘男人上她柔軟的床舖，以繽紛的五彩裝飾，噴上教人春心蕩漾的馨香。這些女人在絲緞

墊子的軟榻間獻出自己，供男人歡愉。在《以賽亞書》（*Isaiah*）第三章十六至十八節和第四章中，耶和華警告說：「因為錫安的女子狂傲、行走挺項、賣弄眼目、俏步徐行、腳下玎璫。」為了要拯救男人，所以主必須除掉她們華美的裝飾，她們用以誘惑的利器。但即使繳了械，女

如亞當一失足成千古恨這類的故事，都是警告男人切勿讓欲望沖昏了頭，但紅顏禍水卻樂於誘惑男人，讓他們忘記這樣的借鏡。一不留心，就永遠喪失了伊甸園。

米開朗基羅（Michelangelo Buonarroti, 1475-1564）。《人的墮落和逐出樂園》（*The Fall of Man and the Expulsion from the Garden of Eden*），作品約完成於1510年。

GREG HILDEBRANDT

人依舊危險。在基督教傳播之初，在教會儀式中不得不和女人握手的男人，最好先用袍子把雙手包起來，以免肢體碰觸的誘惑。

在希伯來人到來之前，迦南人民所崇拜的女神和聖母瑪麗亞截然不同。天主教所崇敬的聖母未婚懷胎，但迦南的女神則徹頭徹尾是性的象徵，因為當時把人的降生視為神聖的奧祕，人民向諸神獻祭，以安撫大自然的力量。後來，迦南人相信男性的神祇上帝僅憑言語就創造了世界，自然就不再那麼崇拜女神的力量，只是夏娃的女兒和古世代女神之間糾結不清的女性關聯，依舊持續不輟。

女人的性魅力教聖經作者和早期基督教的長老焦慮不安，因為它會造成難以控制的欲望和不由自主的生理現象，讓男人的身體航向欲望之海。在欲仙欲死的高潮之際，無主失控的船隻隨著波濤高低起伏，這種徹底的狂放教男人既愛又怕，因為就在此刻，他們的身體把他們送上意識心靈無從理解，卻又神魂顛倒的旅途；只不過他們抗拒不了這汪洋的操縱。這些受命掌控條理秩序的守門人，只知自己在混沌中隨波逐流，直到暴風雨自己停息。

在他們的心裡，夏娃就是這片混沌的始作俑者，是他們進入這個世界的大門。男性藝術家一而再、再而三的把夏娃放在荒廢的伊甸園中，茂盛的草木蓬勃生長，足以淹沒所有人類進步的足跡。不論是二十世紀初期法國畫家盧梭（Henri Rousseau）所繪的幽暗熱帶叢林，抑或是如現代美國幻想雜誌《重金屬》（*Heavy Metal*）的封面，夏娃都赤裸裸地，或站

如夏娃這般傾國傾城的美女形象，並不會隨著時間流逝而黯淡，反而與時俱進，比如由幻想畫家希德布蘭特（Greg Hildebrandt）所繪的這幅現代夏娃，登在《重金屬》雜誌1987年冬季號封面上。

希德布蘭特（1939-），《蛇的幽谷》（*Serpent's Glen*），作品約完成於1982年。

或躺，毫不畏懼地直視蛇的雙眼。攀爬的蔓藤植物和繁茂的花朵，是夏娃所屬的國度，她依然可以引領男人進入純感官逸樂的天地——或至少他熱切期盼如此。

早期猶太教祭司和基督教長老所流傳下來的故事，自圓其說地解釋了壓迫女性的道理：他們強調每個女人都帶著混沌的種子，因此從事聖職的

和聖安東尼（St. Anthony）同一時代的聖希拉里翁（St. Hilarion），也和他一樣有孤獨和自我否定的傾向。兩位聖徒都常鮮明地幻想淫蕩的美女企盼他們的愛撫。

派提（Dominique Louis Papety，1815-49）《聖希拉里翁的誘惑》（*The Temptation of St. Hilarion*），1843-44年。

男人必須禁絕性欲，盡其所能地擺脫不潔的想法。不幸的是，這話說來容易做來難。要壓抑熱情，有些人故意挨餓，讓自己幾乎連活下去的力氣都喪失，當然沒有力量放縱性欲；也有人躲到沙漠裡，遠離女人的美色聲音和氣味，並死命抽打自己光溜溜的背脊，讓身體感官的焦點集中在疼痛而非逸樂上。

總而言之，如果不能把女人趕出腦海，至少該把她們驅離眼前。聖女亞莉桑卓亞（Alexandra）活生生地把自己關入墳墓中，以避免誘惑追逐她的年輕男人，靠祈禱和編織亞麻布，打發等死的時間。「柱頭修士」聖西門（St. Simeon the Stylite），則躲到六十英尺高的柱頂上苦修，嚴格規定女人不得接近柱底，以免污染他所呼吸的空氣。

雖然有這些極端的事例，或者也正是因為如此，性的念頭依舊會浮現在許多聖職男性的腦海中。聖傑若姆（St. Jerome）在自傳中寫道，他神聖的沈思冥想往往被向他招手的世俗妓女打斷；而西元四世紀的聖安東尼（St. Anthony）雖被視為隱修的始祖，但他端坐在埃及沙漠的洞穴中，卻不得不忍受魔鬼派來引誘他的誘惑試煉。

男人創造了詳盡的規則和行為典範，規定社會上各種合宜的行為，但激情的岩漿卻隨時由底部湧出。魅惑女郎了解到文明的虛飾何時會裂解，因此她們守株待兔，隨時抓準機會，在空氣使岩漿硬化之前一躍而上。男人似乎天生就是為性而生，而魅惑女郎早已算準了他們本性難移。

BORIS ©90

2
神話中的少女

男人開始編造勇敢英雄比紅顏禍水道高一尺的故事，
雖然許多人在這些美女誘惑的秋波下，
逃不出命運的手掌心，
但也有少數菁英——真正大無畏的勇敢英雄，
能夠旋乾轉坤，讓所有的男人都懷抱希望，
期待終有一天，他們也能夠品嚐到這種銷魂的滋味。

根據希臘神話，世上第一位女人是潘朵拉。如果她丈夫艾比米修斯有先見之明，就該趕緊把她送回諸神那裡去。不幸的是，他為她的美色所惑，非但沒有請她走路，反而為她騰出了床上的空間。

瓦雷何（Boris Vallejo）《潘朵拉》（*Pandora*），1990年。

潘朵拉 *Pandora*

猶太教和基督教的長老雖然警告男人該避開女人以求平安，但古希臘卻有許多故事，描述男人既享受了危險的性，又能全身而退。希臘人明白他們身處險境，因為他們也有自己的夏娃，她名叫潘朵拉。

一九二〇年代，瑞士表現主義畫家保羅．克利（Paul Klee）在素描中，畫出了他想像中的潘朵拉盒子。他畫了一張桌子，桌上有個花瓶，這是靜物畫家常畫的物品，但他畫中的這個花瓶被包覆在陰唇中，瓶底則是很深的陰道口。花瓶中插了幾朵花，但由中央深處——也就是陰道口的裂縫，冒出了邪惡的氣體，滿室瀰漫。邂逅潘朵拉，打開她的盒子，就是揭開各種各樣的恐怖，踏入此境的人務必謹慎，以免重蹈許多男人的覆轍——如同夏娃的另一半亞當，或是潘朵拉之夫艾比米修斯（Epimetheus）那般，發現周遭美好的世界，從此一去不返。

一切都始於泰坦．普羅米修斯（Titan Prometheus，希臘神話中巨人），和眾神之神宙斯之間的不和。普羅米修斯騙了宙斯，讓他取用祭品時，選了一堆不能吃的骨頭，而不是上肉。宙斯為了懲罰他，決定不准人類再用火。為人類謀了許多福利的普羅米修斯（先前他已經給了人類數學、寫作、建築、金工，以及最初用火的知識）認為人有權取回用火的權利，因此攀上奧林帕斯山，用茴香樹幹引火，帶回大地。宙斯聽到他不服管教的舉動，更加怒不可遏。

為了報復，宙斯因此派火神赫菲斯托斯（Hephaistos）融合泥和水，創造出美艷尤物潘朵拉，再派頑皮的使者赫米斯（Hermes，經常把一切搞得一團混亂）給她一副不知羞恥的心腸，等完工之後，由奧林帕斯山上的諸女神精雕細琢，務求盡善盡美，然後把她送去給普羅米修斯的凡人弟弟艾比米修斯當禮物。普羅米修斯早已警告弟弟，絕不可收受宙斯的禮物，因為其中可能有詐，但艾比米修斯一見到眼前這位教人屏息的絕色美女，早就把哥哥的忠告拋諸腦後了。

其實艾比米修斯收受的禮物還不只潘朵拉，狡滑的宙斯還送來一個儲物用的大陶瓶（後來誤傳為盒子），宙斯警告艾比米修斯不可打開陶瓶，艾比米修斯也就毫無戒心地收下，一點都沒想到會有什麼後果。其實宙斯早就料到艾比米修斯一定會娶好奇心超強的潘朵拉為妻，而他果真也迫不及待把禍水迎進家門。

根據希臘詩人賀修德（Hesiod）的描述，在潘朵拉降臨人間之前，人類無憂無慮地在大地上生活，直到艾比米修斯和潘朵拉纏綿之後，才發生了無人不知、無人不曉的開瓶慘劇。要不是艾比米修斯被潘朵拉的美色迷惑，只要趕緊把她送回原處，陶瓶的蓋子也就會原封不動。但可惜，一切都太遲了。

一如亞當遵守上帝的命令，不吃知識之樹的果實，艾比米修斯也從沒想過要偷開陶瓶。然而潘朵拉就像夏娃一樣，滿心好奇。這個引人遐思的陶瓶中究竟放了什麼好東西？夏娃咬了一口蘋果，潘朵拉則偷看了一眼瓶中乾坤，兩人的舉止同樣引來了可怕的後果。瓶中藏的是天地之間所有的罪惡，只是人類迄今尚得豁免，未曾體驗。潘朵拉看到瓶中的罪惡湧現，使盡力氣蓋住瓶蓋，只來得及搶救最後一件事物，那就是希望（究竟希望在滿是罪惡的瓶口做什麼，不得而知，但古時候眾神毋須向凡人解釋他們的想法）。由那天起，男人就註定要受盡折磨。

不過對古希臘人而言，這故事還沒有完。男人當然有辦法既享受如潘朵拉這般讓人心癢難搔的美女，又不至於招來任何損失。他們開始編造勇敢英雄比紅顏禍水道高一尺的故事，雖然許多人在這些美女誘惑的秋波下，逃不出命運的手掌心，但也有少數菁英——真正大無畏的勇敢英雄，能夠旋乾轉坤，讓所有的男人都懷抱希望，期待終有一天，他們也能夠品嚐到這種銷魂的滋味。

賽倫女妖 *The Sirens*

在英國藝術家拉克漢（Arthur Rackham）為一九一二年版的《伊索寓言》（*Aesop's Fables*）所繪的插畫中，有一幅描繪巨大的女子形體由海中浮現，彷彿跪在洶湧的波濤之間，大片大片的海水拔地而起，由她大張的雙臂中傾瀉而下，在她昂然高挺的雙峰間閃動光芒。她低頭俯視一身襤褸的渺小水手，他孑然一身站在海濱。在她身後，他船隻的遺骸依稀可見。若是他此時涉足入水，那麼她突然冒出水面所掀起的回頭浪，必然會把他拖進海底深淵，和他已淪為波臣的同僚為伴。驚濤駭浪已經把他們的船扯碎，只待那無可逃避的命運巨掌一拍。

古希臘人常以女身的形體來描述汪洋的恐怖，教人膽寒的旋風——卡律布狄斯（Charybdis。編註：每日吞吐海水三次，製造致命旋渦，吞噬船隻的女妖）潛伏在地中海裡，以無比強大的力量，一口氣把船吸進海底；六頭海怪史姬拉（Scylla。編註：住在卡律布狄斯對面的洞穴中，有六個頭、十二隻手的海魔女）則會突如其來冒出巢穴，一把攫走過往船隻上的水手，活活把他們吞下肚。此外還有賽倫海妖，她們的歌聲淒美絕倫，男人為了要聆聽這般的天籟之音，願意不計任何代價交換，最後難免溺死在追尋幸福的過程之中。在希臘神話中，唯有一位英雄——奧德修斯（Odysseus），在聆聽賽倫的優美歌聲之後，還能安然無恙。

奧德修斯之所以能逃過一劫，是拜女巫瑟西（Circe）之賜，其實瑟西本人就是個魅惑大師，她渾身散發無比的魅力，只消橫掃一眼，就會讓過往的男子失魂落魄。一八九三年英國藝術家海克爾（Arthur Hacker）畫出了奧德修斯麾下的水手受她蠱惑的情景：她坐在他們面前，玉臂高舉過頭，露出美麗的乳房，這群男人爭先恐後地向她爬去，你推我擠想要看得更清楚一點，完全不在意自己的軀體已經逐漸變化，成為呼哧作響、全身毛茸茸的豬公了。

二十世紀雕刻大師麥克諾（Edgar Bertram Mackennal）的作品就刻畫了這名女巫無情下咒，而眾多欲火中燒的男人在她腳下打滾的情景。十九世紀比利時畫家羅普斯（Felicien Rops）更進一步，畫了一名渾身光溜溜、只穿著黑襪的女人，就像性虐遊戲時主宰一切的女皇，趾高氣昂地牽著豬散步，象徵著：男人被馴服了，他成了圓滾滾的奴才，展示給全世界欣賞。

佛洛伊德（Sigmund Freud）的門生認為，女性生殖器所分泌液體的腥羶氣味（他把它比喻為醃鯡魚），讓男人聯想起原始的生命力——這可能是讓他們心蕩神馳的力量。

拉克漢（Arthur Rackham，1867-1939）《船難與海》（*The Shipwrecked Man and The Sea*），1919年。

瑟西美豔不可方物，卻又威嚴專橫，盛氣凌人，象徵了女性至高無上的勝利，幾乎沒有人能忍受那排山倒海而來的欲望。在希臘神話裡，唯有奧德修斯沒受到太陽神之女瑟西的誘惑。故事中，奧德修斯帶著士兵打完特洛伊之戰，花了十年的時間才回到綺色佳（Ithaca。編註：傳說中希臘西北部的一個島國，奧德修斯的家鄉），在這段期間，他們經歷了無數奇特的旅程。其中有一次的冒險經歷中，奧德修斯的士兵筋疲力竭，赴埃阿亞島（Aeaea。編註：希臘神話中瑟西所居住的小島）上休息，結果發現瑟西的香閨。房子四周都是被她變成畜牲的男人，她自己則正在屋內，一邊歌唱，一邊編織教人嘆為觀止的網。她見到門前的陌生人，便以美食盛宴款待，並在他們的酒水中，加了神奇的藥草，他們坐著欣賞她的美麗，渾然不知自己已經變成豬國子民。

奧德修斯在挽救子弟兵逃出女巫魔爪的路上，碰到了神使赫米斯，賜他魔液，並告訴他應付瑟西的咒語：如果她揮舞魔杖，他就該拔劍……，如此這般，她必會立即投降。換言之，他在面對她的魅惑時，應該展現比她更強的性魅力，因為在誘惑的遊戲中，能引起最大欲望的那一方，就是贏家。不過赫米斯還告誡奧德修斯，在他赤身露體面對女巫時，她可能再耍一次花招（即使是英雄，也難免擔心光溜溜時會喪失掌控權），因此在放下劍之前，他得先要她承諾，不可趁他之危，占他便宜。奧德修斯依計行事，果然贏得瑟西芳心。她心滿意足之後，解除了魔法，讓奧德修斯的士兵重獲自由，並且詳細地指示奧德修斯，該如何避開回鄉途中的許多艱險。接著她送他上路，讓他完成他的旅程。

瑟西傳授給奧德修斯的祕密中，就包括該如何做，才能既欣賞賽倫女妖的歌聲，又抵擋她們的誘惑。賽倫女妖是海濱的一群漂亮女人，她們坐

魅惑綺想人人不同。這幅畫中的瑟西胸腹之間繫著蝴蝶結，腿上綁著襪帶，讓男人變成豬，徹底傾倒。他不再野性難馴，也不再遍體長毛，而變成了一隻圓滾滾的粉紅色寵物。

羅普斯（Felicien Rops，1833-98），《波諾克瑞提斯》（*Pornocrates*），1878年。

SCULPTURE
MUSIQUE
POESIE
PEINTURE

在繁花似錦的草地上，唱出優美動人的歌聲，吸引水手上岸。在她們歌唱之時，聽到歌聲的男人會覺得她們嫵媚可愛，唯有等到他們的船撞上岸邊大石，死亡陰影籠罩之時，水手才會發現女妖的真面目：她們自腰部以上，全是醜陋的老嫗，腰部以下，則是利爪如鉤的鳥身。

奧德修斯聽了瑟西的諍言，擔心自我控制力不夠堅強，決定以強迫限制身體行動的方式來度過難關。在船接近賽倫女妖藏身的海岬時，他用蜂蠟塞住水手的耳朵，讓他們聽不見悠揚的歌聲，接著他又下令水手把他捆綁在船桅上，要他們承諾，除非危險已過，否則不得把他解下來。

在奧德修斯的船隻抵達可以聽到賽倫女妖歌聲的範圍之際，她們展開歌

喉，讚美奧德修斯英勇的事蹟，允諾他：只要他留下來，就給他無窮的知識。她們知道再沒有任何事物，比諂媚阿諛更教人迷惑；再沒有任何誘惑，比讓人得到心之所欲更難抵擋。奧德修斯果然懇求水手放他自由，但他們斷然拒絕，帶著他越划越遠，直到再也聽不見歌聲為止。拜瑟西之賜，奧德修斯終能度過許多男人過不了的關卡。賽倫女妖非常憤怒，竟有人能逃過她們的手掌心，因此她們縱身入海，悉數溺斃。

這幅前拉斐爾派的畫作，是少數幾幅呈現賽倫女妖傳説原貌的作品：把她們描繪為半鳥半人的掠食者，而非充滿誘惑力的水中美女。

瓦特豪斯（John William Waterhouse，1849-1917），《尤里西斯和賽倫女妖》（*Ulysses and The Sirens*），1891年。

梅杜莎 *Medusa*

古希臘人認為，只要下定決心，精心籌畫，就可以鬥勝最具毀滅力的蛇蠍美人。正如奧德修斯智取賽倫女妖一樣，宙斯之子——英雄普休斯（Perseus）也決心要會一會能用目光殺人的蛇髮女妖梅杜莎。奧德修斯和普休斯兩人都想要體會美女的魔力，卻又希望全身而退，這樣才能顯得他們與眾不同，非但能承受魅惑女性挑逗情欲的視線，又能欣賞這其間的意涵，讓他們的生命因為這片刻的祕密樂趣而更多采多姿。

梅杜莎的美原本並不駭人。年輕時長髮飄逸，是她最動人的特色，許多男人千里跋涉，就是為了追求她。然而有一天，海神波塞登（Poseidon）在雅典娜（Athena）的神殿上強暴了她，此後智慧和戰爭的女神雅典娜便不敢正視梅杜莎的眼睛。美如果能使得男人和諸神產生這樣的反應，顯然就很危險，雅典娜又更進一步，把她的秀髮變成了一大團交纏在一起的蛇，並下諭凡是梅杜莎所看到的東西，都會變成石頭。希臘英雄普休斯動身除妖時，梅杜莎所居洞窟的小徑前，早已滿是諸多男人變成的硬石了。

然而普休斯細心籌畫，務求成功。他在行前為自己織了一雙有翅膀的草鞋，還準備了一頂頭盔，只要戴上，就會隱形。他向赫米斯要來一把鎌刀，用來切斷蛇髮女妖的頭顱；準備了有魔力的袋子，好裝他一心想取的戰利品；最後他把雅典娜給他的銅盾擦得晶亮，可以像鏡面一樣反射眼前的情況。普休斯潛到蛇髮女妖的洞穴附近，戴上頭盔，消失不見。他以雅典娜的盾為鏡子，一步一步倒退，接近正在熟睡的梅杜莎，走到夠近之處時，他一刀砍下，斬斷怪物的頭顱，把它放入袋中。

奧德修斯安然通過賽倫女妖的考驗之後，賽倫女妖因羞愧自行溺死，奧德修斯再也沒見過她們；然而梅杜莎和普休斯之間，卻還有一些瓜葛未了。普休斯切斷梅杜莎的頭時，飛馬珀加索斯（Pegasus）和孿生兄弟巨人克律塞爾（Chrysaor）由她的血管中噴了出來，雖然他們是波塞登的骨血，但他們在此際出現，也意味著穿透熟睡魔髮女妖甜美胴體的，不只是普休斯的劍。普休斯完成了任務，心滿意足地提著梅杜莎的頭，把它安穩地放在袋子裡：只要不讓它出現，它就沒有任何力量，但若普休斯把它拿出來，依然能把人化為石頭。

普休斯殺了梅杜莎之後，途經北非，他向巨人亞特拉斯要求借宿，但遭亞特拉斯拒絕，原來曾有人預言，宙斯之子會由亞特拉斯王國的一株魔樹下盜走黃金，亞特拉斯擔心這預言會應驗在普休斯身上。普休斯遭拒後怒不可遏，於是伸手拿出梅杜莎的頭，把亞特拉斯變成橫跨現今摩洛哥和突尼西亞的山脈。

普休斯繼續朝衣索匹亞前進，途中他看到一名美麗的裸女被鎖鏈鏈在海邊的石頭上，一問之下，才知她是公主，因為母親惹惱了海神波塞登，所以拿女兒贖罪。普休斯救了這名可憐的女孩，並娶她為妻。

當普休斯和新情人坐在海邊時，十分體貼地想到他攜帶了這麼長久的梅杜莎頭，擔心它的舒適安危，他擔心海邊的沙會使梅杜莎頭上的蛇不適，因此用水草和蕨類植物編了一個柔軟的網。然而梅杜莎的頭威力十足，把海草也變硬了，成為美麗的珊瑚園地。如今普休斯和他所鍾愛的女人成家立業，蛇髮女妖的官能之美再一次成為歡喜欣賞的目標，而非破壞摧毀的工具。

一般人對梅杜莎的感情愛恨交織，史家曾描寫她的血既有醫療也有摧毀破壞的力量。十九世紀歐洲的浪漫派和頹廢派尤其對她所象徵的二分（dichotomies）價值著迷，她是美女，抑或怪物？在他們眼中，她既神祕，又有力量，這兩大要素正是魅惑者既能教人著魔，又能摧毀一切的關鍵。

猶太教和基督教的長老牧師常講述莉莉絲和夏娃的故事以警世，讓男人了解非得嚴格掌控女人和他們自己的欲望不可；而古希臘人則認為，和

中世紀美人魚 *Medieval Mermaids*

在希臘神話中，賽倫女妖是長有鳥翼和猛禽腳爪的醜老太婆，唯有在男人受她們歌聲蠱惑時，才會覺得她們貌美。希臘神話記載她們溺斃，良久之後卻又由水中重生，成為美麗的少女，長有閃閃發亮的魚尾。隨著時光流轉，男人對掌控女人越來越有把握，可愛的美人魚也就在神話傳說中流傳，提醒世人，為一享貪歡而棄義務於不顧的男人，會有什麼下場。

中世紀的美人魚在男人耳畔輕聲細語，低訴波濤之下的天地能提供何等難以想像的滿足感。她們邀男人進入神奇的世界、欣賞燦爛奪目的珊瑚城堡、被撫慰人心的規律波濤沖刷。美人魚唱道，在這樣的避難所中，人可以拋開所有的憂慮，自由自在、隨心所欲。然而說故事的人會警告你，一旦接受了美人魚的引誘，等待你的結局並不是歡愉，而是死亡。

紅顏禍水周旋，非但能讓男人感到刺激，而且若他們能細心謹慎，就能在獲得滿足之餘，得到他人難以達到的勝利成就。

古希伯來人和早期的基督徒面臨壓迫，為求生存而苦苦掙扎。希伯來人在埃及流亡了長久的時間，而基督徒也曾被羅馬人拿來餵獅子。因此這兩個族群都對自己和女人訂下嚴格的戒律，以確保他們的生存。相較之下，古希臘人則是穩定成長，欣欣向榮，成為當地主要的文化。到西元前五世紀，雅典已經是民主社會，凡是十八歲以上的成人都有發言權，隨時可以責獻該如何治理這個邦國的意見。在這個社會裡，男人極有自信，他們有許多作為，都不把女人放在眼中，彷彿她們根本不存在。

但即使是古典時期的希臘，在處境比較艱難的時候，女性以性為武器的作法依舊未完全消失。西元前四三一年，雅典將軍伯里克利（Pericles）十分不智地對好戰的鄰國斯巴達發動戰爭，這就是歷時近三十年的伯羅奔尼撒戰爭（Peloponnesian War），毀了原本欣欣向榮的城邦。西元四一一年，希臘劇作家亞里斯多芬（Aristophanes）寫了一齣喜劇《利西翠妲》（*Lysistrata*），就是以那段黑暗的歷史為背景。在劇中，雅典的婦女結合起來，迫使男人就範，要求和平，因為只要這些男人繼續作戰，就享受不得溫柔鄉的快樂。不用說，至少在劇本中，男人馬上就向女人繳械投降了。就算在最男尊女卑的社會，男人還是明白，女人可以用性的力量，讓他們俯首稱臣。

希臘英雄普休斯高高舉起他的戰利品：梅杜莎的頭顱。雖然女妖已死，但她的美依然有化人為石的能力。普休斯就是用這顆頭顱，把巨人亞特拉斯變成了石頭。

切利尼（Benvenuto Cellini）義大利佛羅倫斯金匠、雕刻家（1500-71）《普休斯高舉梅杜莎的頭顱》（*Perseus with The Head of Medusa*），1545-54年。

3 埃及艷后

埃及艷后是傾國傾城的紅顏禍水，是蕩婦中的佼佼者。
屋大維想要貶抑她的宣傳甚至遠遠超越自己最狂野的想像，
他原本要描繪男人應避之唯恐不及的妖姬，
結果卻創造出男人魂牽夢縈的對象。

一代艷后克麗奧佩托拉赤裸裸面對死亡的畫面，讓她顯得無比脆弱。眼鏡蛇的毒液發揮了效力，讓男性觀眾得以恣意飽覽她的胴體，而毋須擔憂會被她趁機利用。

簡納瑞（Bartolomeo Gennari，1594-1661）《克麗奧佩托拉之死》（*The Death of Cleopatra*），畫作日期不詳。

克麗奧佩托拉 *Cleopatra*

誘惑是意在言外的藝術。有些挑逗普天之下放諸四海皆準，比如夜行性動物衣索匹亞麝香貓（Ethiopian civet）如蜂蜜氣味的生殖器分泌物；或是以手指頭輕撫手肘內側的肌膚；或是種子滿溢的無花果肉在舌尖上的滋味；或是籠罩在宛若山中迷霧輕紗之下的玲瓏曲線。然而大部分的挑逗，都有其文化歷史或個人經驗的根源，會隨著人的年歲增長，或是因文化接納新價值和理想，而起變化。在淵遠流長的歷史中，唯有一位風華絕代的艷后，在人們的腦海中留下不可磨滅的印象，隨著召喚她的時代、文化，和個人的夢想與欲望，分解重組，歷久不衰。她就是克麗奧佩托拉。

十七世紀畫家簡納瑞筆下的埃及艷后（見第48頁）玉體後傾，幾乎一絲不掛的肌膚讓人一覽無遺，任人在想像中剝除她身上僅有的絲縷。小蛇的毒牙已經刺穿她左乳的皮膚，毒液已注入她的身體。曾經叱吒風雲的埃及艷后瀕臨死亡，在這極其私密的一刻，她暴露在觀眾偷窺的視線之下，任人宰割。傳說中，這名艷后曾賜毒給男奴隸服食，以測量藥性發作的時間；也曾慷慨賜予死刑犯一夜春宵，好讓他們心滿意足，在天明行刑步上黃泉之路；如今她奄奄一息，全憑觀眾掌控揉捏。這是多麼甜美的復仇滋味。

從西元前五十一年開始，歷時約二十年的時間，克麗奧佩托拉在羅馬無所不在的力量之下，規畫了埃及近二十年的道路。她登大位時年方十八，後來她和當代最有權勢的羅馬高官結盟，提升了國家的財富和力量，讓埃及恢復昔日的光彩。最後，她被不為她美色所動的羅馬將軍擊敗，她寧願自盡以了殘生，也不願成為他的階下囚。

意在言外、迂迴隱晦、運用暗示的力量，都是克麗奧佩托拉故事中的利器。她掌握的是富庶而強大的國家，雖然從屬於羅馬，但依然有極大的權勢。在徹底西化的羅馬人眼中，埃及是神祕難解的謎。眾多的動物神祇奧妙難測，道德的標準教人起疑，對財富則縱情揮霍。不論是聲、光、色、味，全都出人意表，充滿了異國風情。

羅馬人對於這個理當效忠他們的國家，常覺得有無限的驚奇。西元前四十八年，羅馬大將龐培（Pompey the Great）逃奔埃及亞歷山卓，尋求支援，卻被砍了頭；而其對手凱撒四天後領軍浩浩蕩蕩開進亞歷山卓，則受到萬人空巷的歡迎，民眾熱情追逐凱撒，逼得他不得不逃到皇宮裡避難。

接著是埃及女皇克麗奧佩托拉。她的父親指定她和弟弟托勒密十二世（Ptolemy XII）一起治理國家，但弟弟卻把她驅逐出境，打算獨享權力。一天，正當凱撒接受托勒密的盛情招待時，一名地毯商送貨到皇宮，打開這綑巧奪天工的東方織毯，只見一名盛氣凌人的年輕女子現了身——她精明犀利、教養良好，是希臘帝國（由馬其頓興起的亞歷山大大帝所建立的）的後裔子孫。她嬝嬝婷婷，沈著地走了出來，跪在凱撒面前，原來她是來求這位五十二歲的羅馬將軍主持公道的。向來對女人有一套的凱撒這回卻過不了美人關，拜倒在這名女子的石榴裙下。

在克麗奧佩托拉來訪之後，凱撒放逐了托勒密，並且為克麗奧佩托拉成立軍隊，托勒密後來作戰時溺斃，由另一名弟弟取代，和克麗奧佩托拉共同治國，從此克麗奧佩托拉即統御著埃及。她盛情接待凱撒，招待他搭船遊尼羅河，沿途極盡奢華舖張之能事，炫耀她的財富。凱撒果然大為驚奇，不久克麗奧佩托拉就懷了他的獨子。

凱撒回到羅馬之後，克麗奧佩托拉不顧流長蜚短，跟隨前往。在羅馬已有妻室的凱撒把她藏在市郊一座豪華別墅中，她在那裡上朝，散播領袖是神所指派的觀念，有人認為她此舉也刺激了凱撒，讓他有稱帝的雄心。西元前四十四年，凱撒遭心懷不滿的參議員暗殺，克麗奧佩托拉攜家帶眷逃回埃及，由於羅馬政局各派系爭權，因此她和羅馬的同盟關係也呈現不穩狀態。

克麗奧佩托拉回到埃及後，被指定和她一起治國的弟弟失蹤，因此由她獨挑大樑。克麗奧佩托拉雖然身為希臘後裔，但卻學會埃及臣民的語言，在他們面前舉行繁複的儀式，妝扮成埃及萬物之母——女神艾西絲（Isis）。國家在她的治理之下欣欣向榮，克麗奧佩托拉就一邊治理國家，一邊撫養兒子，但後來兩名羅馬統治者出現：安東尼（Mark Antony）和屋大維（Octavian）。他們倆協議把羅馬帝國一分為二，屋大維分得羅馬和西部，而安東尼則分得東方。克麗奧佩托拉也做好準備，要和凱撒的繼位者維繫夥伴關係。

克麗奧佩托拉死後，許多人杜撰了她殘忍性情的故事，他們說她豢養情郎和奴隸，好遂行所欲，然而一旦他們失去利用價值，她就賜毒藥送他們上西天。

藍恩（Edwin Longsden Long，1829-91）《愛的徒勞》（*Love's Labour's Lost*），1885年。

打從一開始，克麗奧佩托拉就吸引了安東尼的注意，他需要埃及作為後援，以進行雄心勃勃的軍事戰役。他召喚這位埃及女王到小亞細亞的塔瑟斯，也就是現今土耳其南部，克麗奧佩托拉卻吊足他的胃口，讓他久候不至，最後她的船終於駛入塔瑟斯港口，安東尼在大廣場上準備迎接，不料她卻無意下船。她深知安東尼喜愛精雕細琢的高尚品味，只見她精心布置，在金光閃閃的甲板上，張著艷紫色的風帆，銀色的槳隨著風笛和豎琴的旋律探入水中輕划。克麗奧佩托拉妝扮成愛神阿芙羅黛蒂（Aphrodite）的模樣——這是希臘象徵美、豐饒繁茂，和性愛的神祇，她玉體橫陳，躺臥在金色的篷幕之下，男童打扮成小小的邱比特，揮著扇子為她搧風。船上的水手是打扮成海精模樣的少女，她們用靈巧細嫩的手指揚帆掌舵。整艘船都籠罩在教人如癡如醉的香氛之中。

克麗奧佩托拉巧奪天工的座船立即造成轟動，原本圍著安東尼聚在大廣場上的人群也逐漸散去，全都到港口去看克麗奧佩托拉的船隊，親眼見識這教人屏息的美景。莎翁名劇《安東尼與克麗奧佩托拉》（*Antony and Cleopatra*）中寫道：「安東尼／高踞在市場寶座上，孑然一身／對著清風發號施令。」擅長操控輿論的克麗奧佩托拉營造了一個不容安東尼選擇的情況：如果這位世上最大帝國東部的統治者要見克麗奧佩托拉，就非得自行到她面前求見。

通常男人在哄女人上床之前，會先用醇酒盛宴款待她，然而在塔瑟斯的船上，卻是克麗奧佩托拉設下豪華饗宴。這樣的安排顯然非常合安東尼的胃口，因此他沈醉在溫柔鄉，成天和她廝混，直到最後，才聽說他的妻子福爾維亞（Fulvia）反抗屋大維失敗。他趕忙離開這位埃及艷后的懷抱，急著返家處理大局，卻發現民心已失，人民已經開始反對他。他怎麼可能一邊置身在美人懷抱，一邊又治理龐大的帝國？

傳說安東尼之所以會被克麗奧佩托拉迷得暈頭轉向，是因為她的床上功夫無人能及，她能做出羅馬婦女無法想像、更做不出來的姿勢動作。屋大維的走狗說，只要克麗奧佩托拉有一口氣在，就是滿腦子狐媚。詩人

普洛佩提烏斯（Propertius，西元前55-16年）稱她是「妓女艷后」，還說她和奴隸顛鸞倒鳳，直到筋疲力竭方才罷休。西元二世紀的羅馬詩人盧肯（Lucan）則說，她痛恨任何無法滿足她色欲的男人。當時的史家記錄了羅馬人的美德和埃及人的淫逸，他們說埃及艷后的宮裡充斥的盡是屈服在她不滿欲求之下的「窩囊廢」，如此這般，安東尼的男子氣概，和他是否適合擔任軍事國家的領導人，答案也就不言可喻。

克麗奧佩托拉富甲天下，飽暖思淫欲的結果，她自然有時間為新歡構思各種性愛歡愉。當時的人絕口不提她治理國家的長才，不談埃及在她當政時民生富裕、欣欣向榮，卻加油添醋，描繪她好色淫穢的故事。人們對於她傾國的財力津津樂道，羅馬學者普萊尼（Pliny）在她死後一世紀，還詳述她的金銀財寶：她有兩件巧奪天工、價值連城的珠寶——產自如女人性器官牡蠣體內的珍珠。一天，她閒來無事，把其中一顆丟進醋裡溶解，當著安東尼的面喝下，讓他知道這點損失對她來說根本不算什麼。

這個珍珠的故事，讓克麗奧佩托拉顯得與眾不同：別人視為珍寶、深恐失落的寶貝，她卻眼都不眨一下，棄若敝屣——教男人不禁浮想連翩，好奇與她共度浮生會是什麼樣的滋味。能夠拋卻日常的煩憂，無視瑣碎的俗務，就能創造私密的空間，在這個小天地中，原本壓抑的生活與個性常可浮上表面，隨興之所至恣意發揮，帶來種種意想不到的樂趣。

安東尼的妻子福爾維亞捲入反抗屋大維的行動失敗，使得安東尼不得不離開克麗奧佩托拉回到羅馬，待了三年半。在這段期間，福爾維亞死

歷史上，克麗奧佩托拉的形象常隨時代的不同而改變。克麗奧佩托拉的相關作品常見性意味，但這幅維多利亞時期的雕版畫卻刻意低調處理，因此在男女齊聚的社交場合，也不致使人臉紅心跳。

畫家不詳，英格蘭畫派（十九世紀），《克麗奧佩托拉七世》（*Cleopatra VII*）。

亡，他再娶屋大維的姊姊屋大維亞（Octavia），以彌補和這位羅馬共同執政者之間的嫌隙。安東尼不在的時候，克麗奧佩托拉把國家治理得井井有條，也為安東尼生下一對雙胞胎，分別取名為赫利厄斯（Alexander Helios）和西莉妮（Cleopatra Selene），這是太陽和月亮的名字。（編註：Helios意指希臘神話中的太陽神；Selene意指希臘神話中的月亮神。）

安東尼掌握羅馬帝國東半部之後，有一個目標，那就是征服雄踞現今伊朗和伊拉克的安息國（Parthians，或譯帕提亞，西亞古國，位於今伊朗東北）。安東尼想征服此地，讓羅馬帝國不論在國力或領土兩方面，都和亞歷山大大帝的帝國並駕齊驅。降服安息國一直是凱撒的夢想，若安東尼能完成他的這個願望，那麼在羅馬人心目中，他必然是他導師理所當然的繼承人，繼他之後成為克麗奧佩托拉的入幕之賓，一親芳澤，也就不足為奇了。

在故鄉大勢底定之後，安東尼決心出兵攻打安息國，既然有這麼重大的軍事行動在醞釀，他就更需要克麗奧佩托拉之助。於是他一到敍利亞（Syria）的安提阿（Antioch；編註：羅馬帝國時期敘利亞省的首都，位於現今土耳其南部、巴勒斯坦北方），就召她前來。她來了，但提出交換條件：如果他把她要的土地賜給她，讓她擴展埃及的疆土，她就依他的要求合作。他答應了。

十九世紀，西方人想像的克麗奧佩托拉充滿了天方夜譚式的風情。在這個出海征服的紀元中，東方世界靜待著西方的侵入穿透。她玉體橫陳，靜待被探索、被支配。

安格爾（Jean Auguste Dominique Ingres，1780-1867）《大宮女》（*The Grande Odalisque*），1814。

安東尼需要埃及的糧草和人力，並用他賜給埃及艷后土地上所生的木材來建造船隻；但屋大維卻極盡煽惑之能事，讓羅馬人民以為安東尼純粹是因為難敵美色的誘惑，而割捨了羅馬的領土。屋大維把克麗奧佩托拉精打細算的談判條件說成是春色無邊的淫蕩交易，讓羅馬人民不禁疑心安東尼出征究竟是為了誰：是為了他們，還是為了克麗奧佩托拉？

屋大維藉著貶抑克麗奧佩托拉和安東尼，達到提升自己聲望的目的。其中克麗奧佩托拉尤其達到雙重的懷疑，因為她既是外國人，又是女人。屋大維告訴羅馬同胞，外國人非但有教人厭惡的習俗、野蠻無文的宗教，而且道德操守也有問題。他又說，女人是貪圖逸樂的騙子，不識輕重大體，像安東尼這樣喜歡和外國人打交道，又任自己被女人牽著鼻子走的人，天生就軟弱不堪。屋大維極力暗示，羅馬人該作的選擇已經十分清楚。

安東尼出兵安息國失利，屋大維率眾把一切都歸咎於克麗奧佩托拉。指稱安東尼失利是因為他沈醉在溫柔鄉芙蓉帳裡，因此喪失了致勝的時機。其實真正的問題是安東尼錯估了圍攻安息國所帶的軍備，他的軍備實在過重，讓軍隊很難靈活調度，再加上運氣不佳，原本信賴的盟軍竟然倒戈相向，出奇不意地攻擊摧毀了軍心士氣。

安東尼撤退時人員傷亡損失慘重，因為他堅持軍隊在隆冬時分得繼續行軍，穿過亞美尼亞，而不停步休息。屋大維的宣傳機器說，安東尼堅持繼續行軍，是因為他想早日回到埃及艷后的懷抱。史家普魯塔克（Plutarch）後來記錄道：「彷彿他不再有自我判斷的能力，而是受到什麼藥物或魔咒的影響。」其實真相也可能是安東尼並不信任亞美尼亞的

早期好萊塢製片家對1917年默片《克麗奧佩托拉》（*Cleopatra*）的服裝早已成竹在胸，一代妖姬薩妲．芭拉（Theda Bara）飾演這位詭計多端的埃及女王。片商的公關人員還趕時髦表示，影星芭拉的名字是以「阿拉伯之死」（Arab death）顛倒排列組合而成。

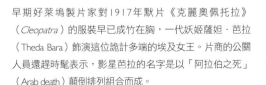

國王，希望士兵趁著還有機會，趕緊撤離那敵意重重的國家。

安東尼千辛萬苦逃回敍利亞，召來克麗奧佩托拉。或許是因為在她眼中，又一個羅馬英雄變成了狗熊，因此，剛又為他生下一個孩子的她姍姍來遲。此時，安東尼之妻屋大維亞也帶著船隻和補給品抵達敍利亞，安東尼接受了補給品，卻遣走屋大維亞。他做出抉擇，一心一意要和埃及艷后攜手，追求東方帝國的夢想。看在羅馬同胞眼裡，他對羅馬妻子的絕情，是壓垮他們的最後一根稻草。兩雄攤牌勢不可免，屋大維輕而易舉就説服民眾，在兩雄一決高下時拋棄安東尼，轉而支持他。

克麗奧佩托拉和安東尼的故事，在生死關鍵的艾克提姆之役（Battle of Actium）達到高潮。屋大維和安東尼必須展現雄風，像男子漢那般解決雙方的歧異——戰鬥。安東尼和克麗奧佩托拉並沒有主動攻擊羅馬的屋大維，因為雖然屋大維還在努力籌措軍費，但可以想見若克麗奧佩托拉出兵羅馬，絕不可能見容於羅馬人。兩人只好等到屋大維攻來，只要擊敗了他，進占羅馬就如探囊取物，羅馬人別無選擇，只能接受她。

克麗奧佩托拉已經打造了一隊艦隊，決心以海戰決勝。如果安東尼在陸上作戰，就不能指望她的馳援，甚至喪失她這個盟友，這是他無法承受的，因此他只能選擇海戰。不幸的是，負責指揮屋大維船隊的是擅於運籌帷幄的阿格里帕（Marcus Agrippa）。這對戀人在艾克提姆被屋大維的士兵層層包圍，他們最後決定只能迴避阿格里帕的船艦，用克麗奧佩托拉的財富另起爐灶，再建一支海軍。

這對情人逃亡之際，傳言滿天飛，説怯懦的克麗奧佩托拉在勇敢的安東

狄米爾（Cecil B. DeMille）於1934年執導了《埃及艷后》（*Cleopatra*），片中克勞黛·考爾白（Claudette Colbert）飾演的絕代佳人克麗奧佩托拉，精通人情、老於世故，輕而易舉就把安東尼玩弄於股掌之上。

尼最需要她之際拋棄了他，這對正義感凜然的羅馬人而言，已經有足夠的證據，證明他是個瞎了眼的傻瓜，竟全心信任像女人這樣狡滑不可靠的東西。普魯塔克後來幸災樂禍地寫道：「就在此刻，安東尼向全世界展現，引導他的不再是將軍的思維、不再是勇者的考量，甚至也不再是他自己的判斷；他任自己受那個女人的支使，彷彿他成了她身上的一部分，必須受她之令，聽憑她的吩咐行事。……他跟在已經毀了他的她身後，不久他的毀滅就會完成。」

艾克提姆之役後，屋大維也繼凱撒和安東尼之後，來到亞歷山卓籌措軍費。他和前輩不同之處在於，他並未受克麗奧佩托拉的美色誘惑。他對同盟並沒有興趣，而要主宰掌控。克麗奧佩托拉把自己關在軍備森嚴的墓室裡以策安全，安東尼以為她已香消玉殞，於是舉刀自刎。克麗奧佩托拉聞訊，派人把他送進她自封的樊籠，他死在她懷裡。接著她又讓人把響尾蛇暗藏在一籃無花果裡送入墳中，讓蛇吻而死，以免遭受屋大維的侮辱。

這就是埃及艷后的下場。即使屋大維自行編造，也編不出比這更好的結局：偉大的英雄因為對女人無法自拔的愛，而自毀長城，這是他的致命弱點。他在該領軍作戰時，依舊沈溺在芙蓉帳內，結果喪失了他最渴望的戰利品——安息國。在他和仇敵生死戰之際，他的情人雖信誓旦旦要同生共死，到頭來卻退縮欺騙，率艦隊揚帆遠去，導致他的失敗。最後兩人都死在自己的手裡——證明男人若依賴詭計多端的女人，會有什麼樣的下場。

在屋大維之後的時代，克麗奧佩托拉的故事更天馬行空，傳得沸沸揚揚。除了普萊尼提到她用醋溶化珍珠、一飲而盡的故事之外，普魯塔克也描述了這對戀人酒池肉林，盡情享樂的場面。僕人準備的不只是一餐，而是許多餐，只要他們打算進膳，就能隨時召來美味絕倫的盛宴。到西元四世紀，則傳說埃及艷后玩弄男人的生命，只為了娛樂自己。

其實隱藏在許多妖姬故事背後的，是男人害怕在面對無遠弗屆的女人魅力時，會喪失自己的男子氣概。在埃及宮廷中，任用宦官是家常便飯，但羅馬人一想到這個念頭就心驚膽戰。屋大維玩弄羅馬人對閹割的恐懼不啻，暗指克麗奧佩托拉是始作俑者。她先後選擇了兩位有權有勢的羅馬人為伴，證明她要篡奪男人選擇伴侶的獨有特權。屋大維指出，她有能力勾魂攝魄，讓男人成為行屍走肉。

接下來合理的推論是，她不僅竊取了男人的男子氣概，也奪走了他們的生命。還有故事傳說男人排隊和她上床，明知他們經歷性歡愉極致的這一夜也將是他們生命的最後一夜，因為第二天一早她就會把他們處死。這種機關算盡的鐵石心腸特別迎合十九世紀英國維多利亞時期的口味，因為當時的人對紅顏禍水——蕩婦，也有獨到的看法。

克麗奧佩托拉的故事代代相傳，代表的是欲求不滿的女性範例，她若不是在色誘羅馬將軍，就是把玩弄過的男人當垃圾一樣拋棄。不過歷史上並無證據顯示，她除了凱撒和安東尼之外還有其他情人，此外，她也花了不少時間治國。凱撒和安東尼這兩大羅馬將軍都因玩弄女色而惡名昭彰，但被批評淫亂放蕩的，卻只有克麗奧佩托拉。看來男人摩拳擦掌，恨不得這位如狼似虎的妖姬就在身旁，只待她撲上身來。

克麗奧佩托拉的故事有可怕的力量，因為它原本是流傳在羅馬帝國動盪不安，未來尚在未定之天的年代。屋大維若想脫穎而出，勢必得提出羅馬帝國強而有力的願景，和安東尼的東西結盟願景作對照。安東尼和克麗奧佩托拉的史實故事，在他手裡操弄得淋漓盡致，他證明了一心追求逸樂的男人非但欠缺道德本質，而且更不適合作軍事和政治的領袖。然而由於安東尼是偉大的羅馬英雄，因此屋大維必須確定誘惑他的不是一般街頭的妓女蕩婦。如果他拜倒在埃及艷后的裙下，那是因為埃及艷后也是傾國傾城的紅顏禍水，是蕩婦中的佼佼者。屋大維的宣傳甚至遠遠超越自己最狂野的想像，他原本要描繪男人應避之唯恐不及的妖姬，結果卻創造出男人魂牽夢縈的對象。

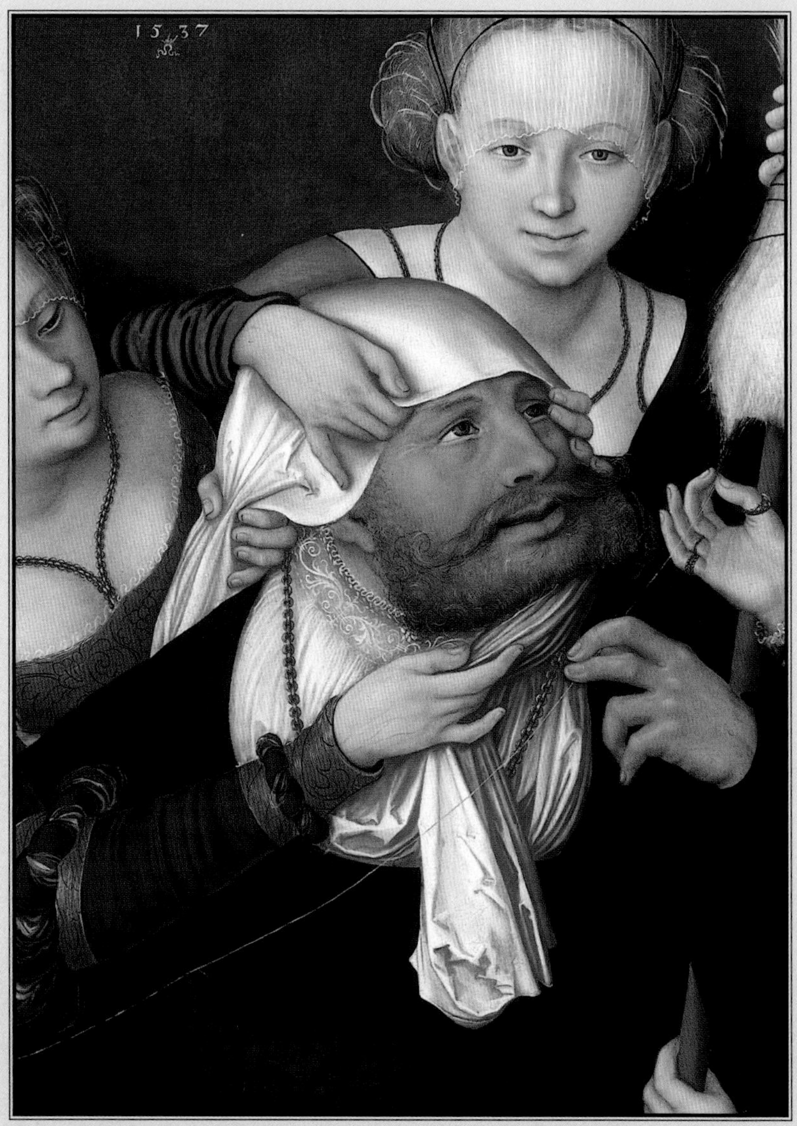

1537

海克力斯和翁法勒（*Omphale*）

古羅馬人最恨的，莫過於被閹割的男人。羅馬男人視在軍事或口才之爭中壓倒別人為榮耀，而被女人奴役的男人則是眾人的笑柄。把克麗奧佩托拉和安東尼比喻為翁法勒（Omphale）和大力士海克利斯（Hercules）就是質疑安東尼作為軍事領袖的能力。這個諷刺的譬喻最先是安東尼自己提出來的，只是他那時想到的是海克利斯的英勇和力氣，而非他被賣為奴的屈辱。

原本的故事是，海克利斯在盛怒之下，失手殺死朋友艾菲特斯（Iphitus），神使赫米斯命他賣給利狄亞女王翁法勒（Queen Omphale of Lydia）作奴隸三年。希臘英雄被野蠻人的女王奴役，非常丟人現眼，而海克力斯的經驗也飽受屈辱。希臘人說，翁法勒自己穿上海克力斯的獅皮長袍，拿著他的棒子耀武揚威，卻讓海克力斯穿著女人的衣服，為女主人紡紗織布。

對古代好戰的羅馬民眾而言，男人不是占上風，就是卑躬屈膝，這其中沒有妥協的餘地。安東尼和克麗奧佩托拉期待的合作願景，根本不在他們考慮的範圍之內。

4 情婦

男人掌大權的時候，就盛行包養情婦。
如果她們安份守己，乖乖接受自己依附金主的事實，
就會被當成紳士富豪財產中的奢侈品；
但若這些女人不安於情婦的身分地位，
社會大眾就會強調她們勾引人的特質。

在男人追求性欲的滿足和女人追求生存的交易經濟中，情婦以胴體來交換錦衣玉食的生活、私人的享受，和公開的炫耀。

布雪（Francois Boucher，1703-1770）《玉體橫陳》（*Reclining Nude*），1751年。

屋大維及後來羅馬的評論家都把克麗奧佩托拉描寫成窮凶惡極的妖姬，一等情人喪失了用處，就毫不遲疑送他們上西天，一點也不受良心責備。但若說到情婦，克麗奧佩托拉只是特例，而非標準。自羅馬帝國衰亡至二十世紀初這段期間，大部分的女人要想不仰賴她們的父親、丈夫或兄弟，而獨立生活，縱非不可能，也很困難。社會上公認的作法是，女人為男人理家生孩子，而男人則讓女人衣食無缺，幸運的話，還能保護她們。既然兩性都認定男尊女卑的事實，男人自然免不了想像教人心旌搖曳的美人兒，她們的功能是為男人提供娛樂，而不是毀滅他們。

有意尋覓可愛美女的男人，毋須他求即可如願。女人力爭上游的選擇既然有限，想要提升地位階級、甚至掌握權力的女人，自然就會拿她們的美交換。

挑選情婦向來是這個禁忌遊戲中最有趣的部分。男人可以享受女人投懷送抱，心知自己既身為她金主，理所當然可以大享艷福，然而任何遊戲都有風險，總有一些野心勃勃的情婦玩得有點過火，一心想撈過界，甚至牝雞司晨，搶了情夫的角色。

比如西元七世紀的武則天（武曌）（624-705），原本是唐太宗李世民的才人。李世民死後，成為唐高宗李治的昭儀（編註：才人與昭儀皆為妃嬪的階級），經過長期的努力，苦心孤詣的她當上了皇后，與皇帝共掌天下，併吞了鄰國朝鮮。皇帝駕崩後，她自登帝位治理國政，前後實際掌政長達五十年。法王路易十五的情婦龐巴度夫人（Madame de Pompadour）則是另一位藉枕席之歡、床笫之樂而登峰造極的女性，她因為掌控天聽、干預國政，而惡名昭彰。

如果情婦控制的權力超過社會大眾認可的程度，難免引發焦慮，狐狸精的臭名就如影隨形。不過有史上有兩位情婦就游走在這種危險和歡愉的邊緣，一位是納爾遜爵士（Lord Horatio Nelson，英國海軍統帥，曾和拿破崙多次作戰，1805年在特拉法加戰役受傷身亡）的情婦漢彌爾頓夫人

（Emma Hamilton，1761～1815）；另一位則是巴伐利亞國王路德維希一世（Ludwig I of Bavaria）的情人，蘿拉．蒙提茲（Lola Montez，1821～1861）。

漢彌爾頓夫人 *Lady Emma Hamilton*

十八世紀，有權有勢又多金的男人娶妻是為了面子問題，養情婦則是為了享受歡愉。當時的社會容忍這樣的安排，甚至期待這樣的行徑，前題是男方必須要謹慎小心。情婦是博取歡心的玩物，只要她能讓男人開懷解憂，在世人面前體面風光，就值得縱容溺愛。情婦越性感，男人的朋友就越嫉妒，手上攜著青春貌美的性感尤物，在友朋面前炫耀，其實就是告訴他們自己有權有勢。她或許會和他們眉來眼去，但卻專屬他一人。有朝一日，她人老珠黃，再也引不起男人的熱情，就被棄若敝屣，打發走路，有時給她們一點贍養費或分手的禮物，有時什麼也沒有。

後來成為納爾遜情婦漢彌爾頓夫人的這個女孩愛瑪，出生於一七六五年的英國鄉下，寡母以裁縫和幫佣維生，所以她由外婆一手養大，把她照顧得無微不至，不久她就出落得亭亭玉立。

世人對愛瑪幼時的生活所知不多，不過她少女時期，就在倫敦的醫神殿（Temple of Aesculapius）工作，這是間情色溫泉，信徒來此祈求青春、美麗和生育。當時上流社會很流行來此洗浴治療，尤其是想來找情婦的男人。據說愛瑪在這裡扮演古典的塑像——希臘健康女神海吉雅（Hygeia），她披著薄如蟬翼的輕紗，是宣傳青春健康之泉療效的可愛活廣告。

愛瑪年方十六，就成了哈利爵士（Sir Harry Fetherstonhaugh）的情婦，哈利爵士在倫敦鄉間塞克斯有一幢豪宅厄帕克（Uppark），傳說她在厄帕克的餐桌上赤裸跳舞，以娛佳賓。這位青春佳人可能拿捏不準分際，對提供歡愉的角色操之過急，因為她不久就和哈利爵士大吵一架，很可能

嫵媚動人的漢彌爾頓夫人經常為當時頂尖的畫家擔任模特兒，扮演希臘神話中各種角色。圖為英國肖像畫家博恩（Henry Bone，1755-1834）的作品《漢彌爾頓夫人扮成酒神女祭司，仿自薇吉-勒布航法國肖像畫家作品》（*Lady Hamilton as A Bacchante, After Louise Elizabeth Vigee-Lebrun*），約作於1803年。

是由於所懷的孩子不知父親是誰。不論她為什麼惹惱了大金主，哈利爵士都毫不留情地把她趕出了厄帕克，一毛未給。

哈利爵士拋棄愛瑪之後，爵士另一名既小氣又無趣的友人把她收容到他床上，免得她流落街頭，愛瑪既無一技之長，又身無分文，沒有人收留不行。這回她決心要精打細算，善用自己的表演天分。為了取悅這位比她大十五歲，而且言行舉止更加老氣橫秋的葛瑞維爾（Charles Francis Greville）大人，愛瑪只得壓抑自己洋溢的才華。一次，兩人到公園散步，正巧有音樂演奏，愛瑪很自然地就唱起歌來，路過的遊客都很驚奇，給她熱烈的掌聲，卻使得葛瑞維爾勃然大怒。等他們一回到家，愛瑪立刻衝到樓上，把一身華服換成她所能找到最樸素的衣著，然後跪下向葛瑞維爾請罪。她憑著本能就知道，如果她的告饒言語能配上合適的服裝道具，就能發揮更大的效果。

在葛瑞維爾養她的時候，愛瑪已經開始擔任藝術家的模特兒。她成了英國肖像畫家隆尼（George Romney，1734-1802）最喜愛的描繪對象，只要是畫古典主題，就常以她為模特兒。愛瑪有一種難以壓抑的氣質，特別適合扮演神話中精靈的角色。在政壇、商界和戰爭中身肩重任的男人，都覺得她清新脫俗的美能鼓舞他們，讓他們的精神為之一振。

和愛瑪共度四年之後，葛瑞維爾決定要娶個多金的女人。他實事求是，立即開始尋找接手這名年輕情婦的人選，結果找上了自己的舅舅，英國駐那不勒斯（Naples）大使漢彌爾頓爵士。漢彌爾頓爵士比葛瑞維爾還老二十歲，是個老光棍，熱愛收集美麗的事物。甥舅倆協議把愛瑪送到那不勒斯，試用六個月。於是這位年紀甚長的鑑賞家心癢難搔，熱切期盼絕代佳人到來：「在我的屋簷下擁有如此可愛的事物……當然教我滿心歡喜。」

愛瑪對自己由甥兒轉手到舅舅，非常憤怒，她恫嚇威脅葛瑞維爾說，如果把她丟給漢彌爾頓爵士，那麼她非但是漢彌爾頓的情婦，而且總有一天，會成為他的夫人。葛瑞維爾對此嗤之以鼻（漢彌爾頓爵士也覺得根本不可能），怎麼可能會有人不顧自己的身分，想娶像愛瑪這樣聲名狼藉的女人？

然而愛瑪到了那不勒斯之後，有一天，那不勒斯貪玩又懶惰的國王斐迪南（King Ferdinand）在公園裡邂逅了正與朋友在蹓躂的愛瑪，他支開了愛瑪的同伴，向她提出大部分女人都會迫不及待接受的提議。聰明慧黠的愛瑪要國王用書面寫下他的要求，國王糊里糊塗地照辦，然後愛瑪就拿著國王的字條求見王后，在王后面前跪下，懇求不要在那不勒斯的公園裡受到不必要的騷擾。她並沒有向王后暗示自己知道這位紳士是誰，不過王后一眼就看出這是她另一半的手跡，正如愛瑪的盤算。

卡羅萊納王后（Queen Maria Carolina）和國王於是作了一番安排：讓王后治理國家，國王自己去追求逸樂，唯一的條件是國王非得謹慎不可。向英國大使的情婦求歡，似乎太不像話，因此王后向漢彌爾頓爵士暗示，若他決定要娶愛瑪，那麼王后會很樂意不計較愛瑪的過去，歡迎她加入上流社會。這樣的暗示，再加上愛瑪的說服力，讓漢彌爾頓爵士終於向愛瑪求了婚。

在那不勒斯，剛成了貴婦的愛瑪名聞遐邇，大受歡迎。她擅長擺出各種精彩的「姿態」，描繪歷史故事中的經典時刻。只要用幾件披肩，她就能發揮天生的戲劇才能，讓觀眾隨著她所扮演的角色或喜或悲，渾然忘我。比如她扮成希臘戲劇中準備獻祭弟弟奧瑞斯特斯（Orestes）的伊菲吉妮亞（Iphigenia），或是為猶太人向波斯王丈夫說項的美女以斯帖（Esther），或是把兒女撕碎以報復丈夫不忠的米迪亞（Medea）。

這當然比她當年在倫敦醫神殿扮演健康女神時更上一層樓。在倫敦，男人是色瞇瞇地盯著她瞧，而如今在那不勒斯，名媛淑女看了她唯妙唯肖的演出，熱淚盈眶地奪門而出。一七八〇年代後期在義大利旅行的歌德（Goethe）欣賞過愛瑪的表演之後寫道：「觀眾看到了成千上萬的藝

葛瑞維爾打算結婚時，先把情婦轉讓給年事已高的舅舅漢彌爾頓爵士。在這幅漫畫中，漢彌爾頓爵士色瞇瞇地盯著愛瑪扮演埃及艷后的雕像，他頭上則有一幅火山爆發的圖畫。

吉爾雷（James Gillray，1757-1815）《老行家鑑識古董和美女》（*A Cognoscenti Contemplating Ye Beauties of Ye Antique*），約1801年。

術家想要表達的事物，以千變萬化的動作實現在他們面前——一個姿態接一個姿態，絕無冷場。她知道該如何安排她的輕紗，以配合每一個情緒，還有多采多姿的方法，把輕紗化為頭飾。」愛瑪對大家這樣的反應非常滿意欣喜，她聰明伶俐，很快就學會義大利文，在那不勒斯錯綜複雜的上流社會中穿梭自如，也贏得了實際上掌大權的王后和紈絝成性國王的信任。

漢彌爾頓爵士出使那不勒斯當時，英國正和法國交戰，那不勒斯維持中立。納爾遜將軍的艦隊駛到附近來，想找個地方補給，好在接下來的尼羅河戰役（一七九八年）給法軍迎頭痛擊，愛瑪向卡羅萊納王后進言，讓他們在那不勒斯登陸。當法國大革命的恐怖陰影也掃向那不勒斯時，愛瑪插手拯救整個王室，她和納爾遜一手安排了王室全家人搭乘英艦，過海逃到對面的西西里島。

在搭船逃亡的過程中，發生了強烈的暴風雨，漢彌爾頓爵士把自己鎖在船艙，威脅說寧可用槍把自己的頭轟掉，也不要淹死；卡羅萊納王后歇斯底里症發作；照顧小王子、小公主的保母則因暈船而倒了下來。愛瑪忙碌不堪，四處照顧病弱者，鼓勵他們打起精神，還得安撫因暈船而痙攣不止的小王子，他在她懷裡嚥下了最後一口氣。葛瑞維爾看上的是在鄉村無家可歸的可憐小姑娘，而納爾遜則被這位不畏髒亂、挽起袖子實做苦幹的堅毅女性感動迷惑。

納爾遜已婚，他的妻子並不是特別熱情的女人，而愛瑪無拘無束的天性開啟了這位海軍大將的心扉。納爾遜寫給太太的家書中規中矩，約束壓抑，但寫給愛瑪的情書卻熱情洋溢。他在一封信中寫道：「征服者如今被征服了。」他的身心全都屬於愛瑪，直到他一八〇五年在特拉法加戰役（Battle of Trafalgar）中，死在「勝利號」戰艦為止——他在開戰前寫給她的信，還攤在桌上尚未寫完。

納爾遜把那不勒斯國王一家安全送抵西西里之後，又奉派回那不勒斯維持秩序，愛瑪陪著他擔任私人祕書和傳譯。在處置叛徒時，納爾遜必須一反常態，以極其血腥的方式進行；愛瑪在英國媒體上，也多次被卡通描繪成賭徒，在漫漫長夜的牌戲中，浪擲納爾遜的金錢；或者被畫成水妖瑟西，把高貴的英國戰士變成了豬玀。不畏流長蜚短的愛瑪出席一場盛裝舞會，她幾乎一絲不掛扮演「最受寵的後宮佳麗」，結果招來更多的攻擊。因此當漢彌爾頓爵士決定要辭去大使職務返回英國之際，愛瑪和納爾遜都鬆了一口氣。此後愛瑪和納爾遜可以在比較熟悉的環境中，繼續他們的風流情事。

愛瑪很清楚她的社會地位是拜丈夫所賜，她和納爾遜都很在意漢彌爾頓的感受，雖然他們回到英國之後，依舊暗度陳倉，但愛瑪依舊扮演盡職的漢彌爾頓夫人。漢彌爾頓夫婦住在倫敦，但常赴納爾遜鄉間的別莊作客，愛瑪用表彰納爾遜驍勇殺敵所得的勳章妝點他的房屋，但她也讓人修剪了屋前小河畔的野草，好讓她上了年紀的丈夫得以享受最愛的垂釣之樂。愛瑪為納爾遜生了女兒時，趁她還不到一周大，馬上派人送去寄養家庭撫養，偶爾小荷拉夏來看媽媽，也都一定是趁漢彌爾頓爵士不在家的時候。

愛瑪在納爾遜的鄉間宅邸大開筵席，招待來自城裡的朋友，還呼朋引伴，邀請納爾遜大家族的成員來住。她已經習慣奢華的生活，花錢如流水，教納爾遜頗感氣餒。他雖是南征北討無往不利的戰爭英雄，但並不富有。漢彌爾頓爵士去世時（愛瑪和納爾遜都隨侍在側），只留給她一點津貼，可能是覺得納爾遜會照顧她，但兩年後納爾遜去世，她陷入一貧如洗的境地。

愛瑪生命的最後十年，已經喪失了魅惑的意願。雖然她偶爾會舉行教人記憶猶新的宴會，但卻已經被從前的社交圈遺棄。她養成了奢華的習慣，如今自立更生，卻發現由奢入儉難。她曾因欠債入獄，最後的時光則流落在陰沈枯燥的法國城市加萊（Calais），常常爛醉如泥，連起床都有困難。她所有的一切全都典當換酒。

蘿拉·蒙提茲 *Lola Montez*

一八四三年夏天的柏林，燠熱難當，風沙滿天；三萬名普魯士士兵穿著簇新的制服，在國王和貴賓——俄國沙皇面前接受檢閱。只有收到邀請的人，才能進入閱兵場地，而曾在柏林表演過，毀譽參半的熱情西班牙舞者蘿拉·蒙提茲，絕對不可能在受邀名單之內。然而她並沒有因此就放棄，反而特別雇了一匹好馬，趁著安檢的空隙溜進禁區。

當時普魯士警方正忙著查驗證件，確定誰獲准坐在哪裡，警官拉住了蘿拉的籠頭，卻聽到馬鞭「啪！」的一聲猛擊，讓驚訝不置的警官倒退三步，蘿拉就趁隙溜了進去。又是一個自以為可以駕御蘿拉，教她規矩的男人，嘗到了她毫不容情、任意而為，根本不理會男性威權的滋味。生在愛爾蘭的蘿拉既有傾國的美貌，再加上過人的聰明才智，和如星星般閃爍的明眸，憑著她的努力奮鬥和絕不後悔的決心，以西班牙舞者的姿態揚名歐洲舞台，她是個絕對不容忽視的女人。

蘿拉天生就個性火爆，小時候，老師就說她是個「小母老虎」。在二至六歲的期間，她父親隨英軍駐紮在印度北部，她也打赤腳沈醉在印北的色彩、樂音，和氣味之中。六歲時，她被送回英國求學，在飽讀詩書之餘，她也迫不及待想體驗更寬廣的世界，年方十七就跟著一名比她大十三歲的英國軍官私奔，回到他駐紮的印度。

成年的蘿拉痛恨英國駐軍的種種限制，說服她先生送她回英國，但在漫長的回國旅程之中，她卻和同行的乘客鬧出醜聞，因為她公開和另一名軍官發展婚外情。等她抵達倫敦，已經聲名狼藉，她丈夫和她離了婚，情夫離開她，她孑然一身，自行奮鬥。

如今蘿拉明白自己讓男人著迷的魅力，她決心去習舞，更添嫵媚。還有什麼舞蹈比佛朗明哥舞更能表達她不馴的本性？她哄喜歡她的男人出錢，讓她到西班牙的安達魯西亞取經，學習舞蹈。等她回到倫敦，已經搖身一變，不再是愛爾蘭的離婚婦人，而成了西班牙舞者瑪麗亞．蒙提茲（Maria Dolores Porris y Montez），一心一意要魅惑倫敦的貴族觀眾。

蘿拉．蒙提茲的首演非同小可，是在倫敦的女王劇院，她充滿官能之美的舞蹈，讓觀眾神魂顛倒，後來的舞評家寫道，她的表演與其說是舞蹈，不如說是「身體的邀請」，因為她用「整個身體寫卡薩諾瓦的回憶錄（Casanova's Memoirs）」。初試啼聲就博得滿堂采之後，蘿拉欲罷不能，終其一生都投身表演，不論是舞蹈、戲劇、或是公開演講，她都以千變萬化的特質搭配身體的魅力，讓觀眾趨之若鶩。

蘿拉心知肚明，她的表演是一種新奇的演出，因此最好不要駐留在一地太久。在她的過往即將被人揭發之際，她離開了倫敦，前往歐洲。在柏林騎馬闖關事件之後，她一路舞至波蘭（因為造成政壇的騷動，最後被請出境）和俄羅斯（也因為某個原因，驟然遭到驅逐）；跟作曲家李斯特（Franz Liszt，1811–1886）鬧了一場短暫而熱烈的戀愛；又在巴黎和一位知名記者牽扯不清，最後他在決鬥中被射死；然後因行為不檢，被趕出波昂。一八四七年，芳齡廿七的她投入老成持重，年已六十的巴伐利亞國王路德維希一世（King Ludwig I of Bavaria）懷抱。路德維希和蘿拉見過面（這次的會面，由她過往的歷史來看，實在有點僭越）後，寫道：「六十老叟喚醒了廿二青春美女的熱情……這是她的初戀！我簡直就像維蘇威火山，原本看起來彷彿熱情不再，卻忽然又再度猛烈噴發。」

不論是舞台上下，蘿拉都知道如何討觀眾歡心。李斯特說她是「魅力和愛的天才！」一名負責護送她離開俄羅斯的俄國軍官則說她是「完美的化身」。

蘿拉在芭蕾舞劇中表演《塞維亞嘉年華會的一天》（*Un Jour de Carneval of Seville*），作於1889至1920年間。

路德維希一世沈迷於蘿拉肉體的魅力。蘿拉貼身戴著幾塊法蘭絨布，好吸附她的體味，讓國王隨時嗅聞。他特別喜愛她那雙會跳舞的小腳，還有個怪癖，愛吸她的腳趾頭（應該沒有洗）。但除了少數場合，她總冷冰冰地對待他，讓他懷抱著欲望，卻不得滿足。

蘿拉在慕尼黑安頓下來，浪擲路德維希國王的金錢。他的大臣們全都無法忍受她一個又一個的年輕情人，更受不了她不斷地干政。只有一小群學生熱烈支持她，但這又引發議論，尤其有一晚她被大吊燈敲到腦袋，昏倒在地，更成為醜聞。原來這些學生毫無節制的花蘿拉的錢買酒，酩酊大醉之後脱到只剩內衣褲，把她抬起來繞著房子遊行，卻沒人注意到掛得很低的璀燦大吊燈，等到撞上，已經太遲了。

不過握有大權的路德維希卻很欣賞有自我意識的女人，蘿拉從不畏強權，更不怕對她充滿敵意的群眾，甚至可以說，他們引發她好鬥的天性。有一次，在她和國王大吵一架之後，她追著他由屋裡追到屋外大街，滿口辱罵他的穢言。憤怒的群眾受夠了她跋扈囂張的行徑，包圍了她在慕尼黑的住處，她卻揮舞刀子現身陽台，接著又拿起一杯香檳，向抗議的群眾致意，招來一陣石頭。她狂風暴雨式的情感正配她野蠻的美，慕尼黑的一名觀眾事後寫道：「雖然她在盛怒之中，卻依舊可愛。」

路德維希國王不肯放逐蘿拉——甚至還答應封她為保加利亞女伯爵，讓巴國人民對國王喪失信心。一八四七年，全體內閣辭職，抗議她干政。一八四八年，失去民心、進退維谷的國王決定寧可退位，也不願意收回他對情婦所作的承諾。蘿拉被迫逃出城外。國王在他寫給蘿拉的許多詩中提到：「妳是我的剋星。妳是如此明亮耀眼，像熊熊燃燒的火光。」

原本路德維希要和蘿拉會合，但自她離開慕尼黑之後，兩人的熱情也冷卻下來。她在倫敦非法再婚（她和第一任丈夫離婚時，曾明文規定，只要他活著，她就不得再婚）之後，赴北美和澳洲追尋舞台生涯，舞而

蘿拉在歐洲不再風光之後，決心轉征美洲新大陸。她翩翩起舞之際，震驚的觀眾既不敢卻又想看，而表演廳的經理則揣著合約，上面載明表演當天一半的收入歸他所有。

美國漫畫家強斯頓（David Claypoole Johnston，1799-1865）所繪的《蘿拉來了》（*Lola Has Come!*），畫作日期不詳。

優則演，發揮她原本就有的天賦。有位劇評家在欣賞過她的表演之後，這麼寫道：「先前我們一直不明白她怎麼能對路德維希國王發揮這麼無限的影響力，因為國王向來都不苟言笑、一板一眼。如今她在我們眼前的舞台上施展魔法，我們這才相信可憐的國王果然毫無招架之力。」最後，蘿拉還公開演講，談她最熟悉的題目：愛、美、時尚、豪勇和勇敢的女性。其實教人著迷的不是她的內容，而是她的風格，她用「甜美似水」的聲音發表慧黠珠璣，讓聽眾玩味她的每一個字。

一八六〇年夏，芳齡四十一枝花的蘿拉中風，她卻不肯向病魔屈服，到十二月，她已經可以拄著拐杖行走，原本她看來可以完全復原，沒想到一八六一年一月十七日，她去世了，葬在布魯克林的一個小墓場，老情人路德維希國王聞訊，哀痛不已。儘管蘿拉為她惹來不少麻煩，他卻從沒有忘記過她。

在社會安定，男人掌大權的時候，就盛行包養情婦。如果她們安份守己，乖乖接受自己依附金主的事實，就會被當成紳士富豪財產中的奢侈品；但若這些女人不安於情婦的身分地位，社會大眾就會強調她們勾引人的特質。她們成了狐狸精，誘惑原本聖明的男人。她們的未來成了輿論的話題，萬一她們的情夫死亡，或對她們失了胃口，那麼她們就可能喪失辛苦爭取了那麼久的一切。

蘿拉本名吉爾伯（Eliza Gilbert），約於1820年在愛爾蘭出生。年方二十，她就搖身一變，改扮成西班牙貴婦，並且以舞蹈為業。她後來周遊歐洲各國，一路留下許多威震四方的情人。

杜里（Georg Dury，生卒年月不詳）《蘿拉．蒙提茲》（Lola Montez）1848年（臨摹史提勒Joseph Stieler）1847年所繪的肖像畫。

薇薇安 *Vivien*

男人心裡總是有一股蠢蠢欲動的不安，擔心他們的情婦玩物有朝一日會反過來玩弄情人於股掌之上。亞瑟王（King Arthur）的老師巫師梅林（Merlin），和他女徒弟薇薇安（Vivien）的故事，就是這種恐懼的體現。梅林原是亞瑟王及其父尤瑟王（King Uther Pendragon）兩者的導師，他的法力高強，無人能及，直到美女薇薇安出現。

薇薇安成了梅林的徒弟，一心想學會老師所會的一切。梅林明知如果他把所有的祕法都傳授給薇薇安，她就會背叛師門。但她懇求他，承諾永遠不會背叛他之後，這位老人屈服了。維多利亞時期的英國詩人丁尼生（Alfred, Lord Tennyson）想像老巫師面對她哄騙時的思緒：「妳就像那即將潑在我身上的海浪，把我在世上的立足之地沖垮。」

梅林教她怎麼掌控他——然後坐等該來的事發生。果然不出所料，她吟誦梅林教他的文字，向他施咒，把他永遠禁錮在水晶洞穴之中。

為什麼梅林要屈服？丁尼生的解釋是：「老巫師蒼白的血液在她觸摸之下，展現了活潑歡愉的色彩，就像蛋白石回春。」她可以深入他的心靈，喚醒他從前只敢夢想的官能；她的溫暖滲透了他，她的擁抱成了他唯一想體驗的天地。自古以來，這一直都是魅惑女郎的魔力所在。

5

翻天覆地的罪魁禍首

她慵懶地半躺在鋪著虎皮的華麗椅子上，
衣著若隱若現，薄紗長裙被垂在椅上，
光裸的雙腿不經意地撐開，
纖細的雙臂遮掩著初萌的雙乳。
她只是個孩子，但盤中切下來的頭顱卻提醒眾人，
即使是青春少女，同樣可能心如蛇蠍。

觀眾為瑪塔．哈莉（Mata Hari）神魂顛倒。一位觀眾說：「如果蠕動的蛇能進入女人的身體，那麼這奇蹟已經在我睜大的眼前出現。扭動、蜿蜒、交纏、顫抖，她的舉手投足盡是蛇的優雅。

瑪塔．哈莉在橢圓形的舞台上四處游走。」《瑪塔．哈莉》（*Mata Hari*），日期不詳。

政治漫畫家毫不留情地公開取笑愛瑪，納爾遜依舊堅定支持她；巴伐利亞的路德維希國王對蘿拉死心塌地，甚至願意退位和她廝守一生。這兩位情婦的男人都賜給她們財富和安穩的生活，這是她們不可能獨力獲得的，而兩人的確也有足夠的魅力，即使輿論反對，社會不支持，她們依舊牢牢掌握男人的心。然而也有些女性，雖然同樣靠美貌謀生，但卻神通廣大，能以更獨立的方式在人生爭得一席之地，男人對她們的保護與支持也更少。她們通常是交際花或是高級妓女，對形形色色肯花錢的顧客，提供陪伴和性服務。

十九世紀末，許多這樣的女性都由取悅個人，轉而為娛樂社會大眾。在影影綽綽的煤氣燈下，女演員和舞者把自己變為觀眾想看的任何對象。在一次世界大戰前的巴黎社會，交際花和舞女煥發的青春活力尤其璀燦炫目。

莎樂美 Salome

在燈紅酒綠的「女神遊樂廳」（Folies-Bergere，巴黎歌舞和雜耍老牌秀場，開創於一八七〇年，據說是巴黎音樂廳歌舞秀的始祖）和「紅磨坊」（Moulin Rouge）裡，成群結隊的漂亮長腿妹妹正整齊畫一地抬起腳跟，掀起裙子和襯裙；由土魯斯-羅特列克（Toulouse-Lautrec，法國畫家）描繪著「燈光仙子」富勒（Loie Fuller，美國舞者）勾魂攝魄的表演。她橫越舞台，燈光巧妙地投射在她翻轉的輕紗上，向觀眾散發陣陣逼人的香氣。男人目瞪口呆地坐在位子上，任憑他們的感官接受炫目的表演，恨不能把這公開的演出化為私密的情事。

二十世紀之初的藝術家特別喜愛以莎樂美為題材，有的把她描繪為年少輕浮；有的把她呈現為成熟世故；有的則勾勒她奸詐狡獪。在這幅畫中，她只是個孩子，但盤中切下來的頭顱卻提醒觀眾，即使是青春少女，同樣可能如蛇蠍一般心狠手辣。

法國畫家圖杜茲（Edouard Toudouze，1848-1907）的作品《得意洋洋的莎樂美》（*Salome Triumphant*），1886年。

在目眩神馳的背後，卻有一股恐懼感悄悄爬升。在一八九六年的巴黎，王爾德（Oscar Wilde）的獨幕劇《莎樂美》（*Salome*）首次公演。這齣劇在一八九三年以法文寫就，因它充滿情色的絃外之音，在英國遭到禁演。當時越來越多的女性爭取政經上平等的權利，全歐洲的男人不堪其擾，開始在過去的題材中尋找生性危險的女人為例證，而聖經（馬太福音第十四章第一至十三節）中的這段故事，最使他們感到興趣，莎樂美很快就成為他們最愛拿來證明女人能讓男人失去理智的最佳典範，王爾德也以此為題材創作。

一八八六年，法國畫家圖杜茲（Edouard Toudouze）畫了《得意洋洋的莎樂美》（見第89頁），在這幅畫中，一名年約十二歲的少女慵懶地半躺在鋪著虎皮的華麗椅子上，右踝箍著對她玲瓏少女身材顯然太過沈重的鐲鍊，頭上綴滿鮮花，手上寶石閃爍，手鐲繞著她的雙臂。她的衣著賣弄風情，若隱若現，薄紗長裙被垂在椅上，光裸的雙腿不經意地撐開，纖細的雙臂遮掩著初萌的雙乳。

這並非淫蕩之美——而是小女孩的盛妝打扮——但她眼中的神情和刻意擺放在嘴角的玉指，卻顯示她超齡的早熟。她在繼父貪婪的凝視之中，看到赤裸裸的欲望，她在把玩新發現的魔力，一再地轉動這沒用的小玩意兒，看著它反射光線。這是多麼美麗閃亮的小東西，在她雙手的撥弄之下多麼誘人。在她而言，這是視覺刺激的遊戲，是可望不可及的欲望，一支舞蹈，喚起在她下台之後才能滿足的熱情。

頹廢派畫家畢爾茲利（Aubrey Beardsley，1872-1898）在這幅為王爾德劇作《莎樂美》所繪的插畫中，強調莎樂美張牙舞爪的掠食者本性。
畢爾茲利，《高潮》（*The Climax*），約1893年。

在王爾德的劇本中，莎樂美的母親希羅底（Herodias）安排她在晚上表演舞蹈，以娛樂繼父希律王（Herod Antipas）。在此同時，倍受猶太教徒敬重的先知施洗約翰（John the Baptist）因為想要起義，反抗羅馬，所以也被拘禁在宮中。羅馬的統治者希律王對約翰頗感好奇，因為在亂世中，他卻有堅定的信念，和明智的答案。而希羅底卻因為約翰疑她嫁給希律王（她前夫的兄弟，而她前夫還在人世）的正當性，而痛恨他。莎樂美跳舞的背景已經安排妥當。

王爾德沒有提示「七紗舞」要怎麼跳，完全留待表演者各自想像詮釋。為這個劇本作插畫的頹廢派畫家畢爾茲利，想像的是淫蕩的莎樂美，她露出曲線玲瓏的小腹，準備開始跳肚皮舞。在後來席捲北美的莎樂美狂熱中，輕歌舞劇的演員把一八九三年芝加哥世界博覽會舞者小埃及（Little Egypt）所創的肚皮舞或「胡奇庫奇」（hootchy-kootchy，一種挑逗的肚皮舞）發揚光大。十五年後，在一九〇七年，理查．史特勞斯（Richard Strauss）以王爾德劇本為底的歌劇在紐約首演，充滿誘惑力的肚皮起伏和散落的輕紗一時蔚為風尚。到一九〇八年夏末，至少有二十四個莎樂美在紐約的舞台上扭腰擺臀，開啟了後來低俗歌舞劇和脫衣舞的先聲，在一九三〇和四〇年代大行其道。

再沒有比脫衣舞更能吸引男人視線的事物了。不論表演者是在煙霧繚繞的暗黑室內，站在水銀燈下，對著黑壓壓一大群男性表演，或是在私密的場所中，只對著一名觀眾表演；女性的肉體，畢露的曲線，和接下來會暴露哪一吋肌膚的懸疑，是唯一的重點。女性的動作和撩人的音樂，教男人忘卻一切世俗瑣事，隨著女人的舞動，整個世界都被拋諸腦後，就像丟在夜總會舞台上或是香榻旁的絲襪一樣。

莎樂美輕解羅衫，露出青春堅實的肌膚，預告了即將呈顯的女人魅力，希律王恣意瀏覽，大飽眼福。她在他眼前款擺柳腰，而他可以想像自己的唇貼著她的肉體，自己的舌品味著她的甜美。她的舞蹈討得了他的歡心，點燃了他的欲望，於是他允諾實現她的願望，畢竟，她會有什麼他他滿足不了的欲望？但希羅底給女兒出主意，悄聲告訴她應得的禮物：施洗約翰的頭。希律王啞口無言，因為他已經給了承諾。在圖杜茲的畫中，約翰的頭放在銀盤裡，出現在畫面前方，然而這名早熟的孩子卻並不在乎她提出要求後血淋淋的結果，對這一刻不可承受之重毫無所覺。她在乎的只是自己能不能魅惑觀眾，一如她魅惑希律王。

女間諜：瑪塔．哈莉 *Mata Hari*

十九世紀維多利亞時期，男人對自己在世上獨領風騷的優勢地位逐漸喪失信心，工業革命帶來的經濟教訓，讓他們眼看他起高樓，眼看他樓塌了。傳統社會階級的結構，已經難忍出乎意料之外的壓力，由裂縫中唧唧作響、搖搖欲墜。如果販夫走卒也能成為百萬富翁，上流士紳在一夕之間千金散盡，那麼該用什麼樣的標準來衡量男人的價值？

而隨著經濟情況的變化，女性也開始以前所未有的方式組織集合。一七九二年，女權運動先驅瑪麗．渥妮絲朵涅克拉福特（Mary Wollestonecraft）寫了《女權辯》（*A Vindication of the Rights of Woman*）公開呼籲女性應爭取更多的自主權。一八四八年，一群婦女在紐約州召開女權會議，會中發表「宣言」，宣告「由於女性的確遭到迫害剝削，奪取了她們最神聖的權利，因此我們堅定主張，支持她們立即獲得身為美國公民所該擁有的所有權利與特權。」她們主張的權利之一，就是女人也有投票權，英國爭取女性投票權的運動人士，也不惜投身馬蹄之下，手攜手繞著白金漢宮的欄杆形成人鍊，逼使男人正視她們的訴求。

這個時期的男人心中天人交戰，一方面是「男人希望女人扮演的角色」（貞潔、美德、足不出戶、相夫教子），另一方面則是「男人擔心女人會扮演的角色」（貪得無饜、邪惡、張牙舞爪）。如果任憑她們自由發展，為所欲為，她們會不會全都像莎樂美那般，先輕解羅衫，然後獅子大開口？

大利拉 *Delilah*

一八九四年，法國藝術家胡菲歐（Paul-Albert Rouffio ）畫了《參孫和大利拉》（*Samson et Dalila*）。這幅畫的前景，是熟睡的參孫俊美的裸體，他的頭向後傾，枕在大利拉的膝蓋上，暴露出了喉頭，長長的黑髮低垂在大利拉赤條條的玉腿上，整個人靠坐在床邊。參孫此時已經筋疲力竭，昏迷不醒。他的心思還飄浮在歡愉的最後一絲漣漪上，在這樣痛快淋漓的滿足之後，根本沒有容他思考的空間。那一天，一切都特別地黑暗，因為大利拉在他的葡萄酒裡下了藥，在不省人事的情人頭上，她伸出手去，接過剪刀。

腓力士人派大利拉探聽參孫之所以大力的祕密，她步步為營，雖然過程緩慢，卻終於扳倒了這位強壯的勇士。她問他力量的祕密，起先他取笑她，天花亂墜胡吹一氣，最後證明都是哄騙她的，她祭出女人的最後一招，威脅不再讓他享受魚水之歡，他慌了，趕忙說出他的祕密，原來只要剪掉他的頭髮，他的力量就會散盡。

參孫的頭髮被剪光之後，大利拉召來腓力士人，他們把他綁了起來，挖去他的雙眼。他們急著炫耀這個得來不易的戰利品，在全新的廟堂中展示他，任由群眾向他叫囂取笑。參孫請為他帶路的孩子引導他走到殿上任何一邊的大理石柱旁，心中暗暗祈求上帝賜他力量，接著使盡全力一推。神廟倒塌了，參孫獲得了最後的勝利，但記錄這故事的人卻急切地提醒大家，在戰爭和壓迫的時代，女人可能特別狡詐。

男人緊張兮兮地翻閱聖經，尋找答案，結果看到一長串駭人的名單。趁亞述將軍霍拉法爾尼茲（Holofernes）熟睡，割下他的頭的朱迪絲（Judith）；背叛參孫，把他交給腓力士人（Philistines。編註：曾居住於以色列境內的沿海平原一帶，現已滅絕）的大利拉（Delilah）。再看希臘神話，情況也好不到哪裡去：善變的海倫，她的美造成了特洛伊之戰。甚至連英國的傳說故事，也免不了蛇蠍美人作祟：如欺騙亞瑟王的仙女摩根（Morgan Le Fay）；把魔法師梅林囚禁在水晶洞窟裡的薇薇安；對水手投懷送抱，卻把他們拖到海底的美人魚等等。前拉斐爾派、象徵派，和頹廢派的藝術家一再地描繪這些破家危國的女性，而男人也一逕地在思考，她們究竟是過去的人物，抑或預示了未來的危機？

在這越來越急切的世紀末妄想旋風之中，出現了一位特立獨行的年輕女性，她決心憑著自己充滿異國風味的長相和曼妙的身材，在世界上闖出一條路來。她就是瑪格莉塔．薩莉（Margaretha Geertruida Zelle，1876-1917），後來改名為瑪塔．哈莉。瑪格莉塔在荷蘭出生，她十三歲時，父親破產，不告而別，使她喪失了原本中產階級安定的生活。一年後，她母親去世，孑然一身的她必須獨自奮鬥，當時她似乎就已經下定決心，要仰仗自己的本錢，發揮魅力。當時她年方十五，在幼稚園見習，準備作老師，就因為和校長發生曖昧，而被趕出學校。十八歲時，她看到報紙廣告，應徵荷蘭軍官麥克勞（Rudolph MacLeod）之妻。三十九歲的麥克勞看上她外國風味的長相和女性的特質，而她也不畏冒險，四個月後就嫁給了這名軍官。

麥克勞在故鄉休完長假，偕妻抱著兒子上路，離開歐洲，來到荷屬東印度群島熱騰騰的雨林駐守，然而一切並不順利。原本婚前讓麥克勞動心的特色，如今婚後卻讓他惱怒。麥克勞開始酗酒施虐，他要老婆安分守己待在家裡，好好作個賢妻良母，照顧老大和新生的女兒。然而這位生性活潑的黑美人卻老是招惹年輕軍官的注意。壓垮這段婚姻最後的稻草，是一名懷抱夙怨的士兵為反抗囂張跋扈的麥克勞，下毒殺害他的兩個小孩，兒子死了，女兒「儂」則倖存。

麥克勞奉派調回荷蘭，瑪格莉塔終於鬆了口氣，兩人一回到故鄉，她立即申請離婚。年方廿六的她要做當時大部分婦女都辦不到的事——她決心自立更生，在世上闖出一條路。麥克勞對妻子這麼不服管教勃然大怒，取得了女兒的監護權，使得瑪格莉塔畢生再也沒見到過女兒。

既沒有錢，也沒有一技之長的瑪格莉塔，只能以跳舞維生。她運用自己對爪哇文化的知識，重新塑造自己的角色，稱自己為神廟舞者瑪塔·哈莉，在馬來文意即「黎明之眼」。當時東方世界十分風靡歐洲人士，瑪塔·哈莉滿足了他們的幻想。一名觀眾看了她的表演之後寫道，她的表演：「不知道提供給誰什麼樣的永恆欲望」，凱瑟（Frances Keyzer）為當時倫敦社交圈雜誌《國王》（*The King*）的報導如下：

「我聽說有個來自遠東的女人，在爪哇土生土長，嫁給一位軍官，來到歐洲。全身香水珠寶，為的是要在歐洲城市豐衣足食的社會中，介紹豐富華美的東方色彩和生活，要掀起東方層層的面紗，說明東方的熱情，一如推介大地的果實，談論新鮮奔放的人生，以及無拘無束不受文明限制的大自然。」

瑪塔·哈莉一九〇五年在巴黎一間時髦的沙龍初試啼聲，她緩緩地揭去一層又一層的薄紗，直到只剩一件肉色的連身絲襪和鑲珠嵌鑲的胸甲。幾近一絲不掛的她伏在地上，拜倒在廟中神祇的塑像之前。對當時的女人而言，私底下如此暴露都已非比尋常，而她竟在光天化日之下當眾剝到幾近精光，簡直駭人聽聞。然而瑪塔·哈莉早已經精心盤算自己該做到什麼樣的程度，才不會被當作寡廉鮮恥。她的舞蹈被公認為樂而不淫，是高雅品味的文化表徵。

由於初演成功，因此瑪塔·哈莉也被請到巴黎東方藝術博物館表演，等於用人類學的角度為她背書。同一年，她在巴黎許多場地表演，很快地就登峰造極，成為這門藝術的佼佼者。在這十年間，瑪塔·哈莉向全歐洲的觀眾揭露東方的祕密，她表演過的場地包括蒙地卡羅歌劇院、米蘭的史卡拉歌劇院，和維也納的分離藝術廳。

下了舞台，瑪塔．哈莉也接受訪問，更添她舞台上的神祕。瑪格莉塔把她個人的家暴經驗融入瑪塔．哈莉的過去，繪聲繪影地描述東方生活的細節，把仰慕她的舞迷騙得團團轉。原本想像鋪陳埃及艷后故事的西方人，如今囫圇吞下瑪塔．哈莉的故事，想像在一個陽光燦爛的國度，女人只要展現自己的性魅力，就會慘遭毒打。瑪塔．哈莉的舞蹈表演和破除性別禁忌兩件事的結合，吸引了喜歡追求禁忌刺激的觀眾胃口。

瑪塔．哈莉年近四十、姿色不再之後，必須依賴富有的士紳名流，才能維持她早已習慣的奢華生活。當時巴黎社會視交際花為理所當然的社會環節，往往擁有極大的政治和社會影響力。瑪塔．哈莉加入其中，不但不必犧牲自己的獨立，而且能賺足供花用的生活費。她秉持一貫的熱忱，征服了許多有權有勢的軍方人士，幾乎捲入一次世界大戰的各國，都有政要成為她的入幕之賓，比如法國戰爭部長梅西米（Messimy）、柏林警察局長葛瑞伯（Griebel）、奧地利騎兵隊長拉紮瑞尼（Fredi Lazarini），以及德國王儲。

戰爭一九一四年爆發之際，瑪塔．哈莉人在柏林。由於她被當成法國居民，因此在德國的資產已經凍結，人也必須立即離開。她雖然安抵荷蘭，但卻覺得當地生活煩悶不堪，亟欲返回她曾大放異彩的巴黎。然而在戰時要赴巴黎，首先得抵達英國，英國情報單位懷疑她是德國間諜，因此留置她數日，後來她雖回到荷蘭，但最後還是在一九一六年動身，這回打算經由馬德里赴巴黎。又因為英國懷疑她的身分，根本禁止她入境，她只好動用關係，好不容易才通過邊界。

法國情報組織的領導人拉杜（Georges Ladoux）接獲英國對她身分的警告，派人在一九一六年夏天跟蹤瑪塔．哈莉達六個月之久，卻一無所獲，只知道她有數不盡的情人，其中大部分都是軍方人士，法國、義大利、愛爾蘭、蘇格蘭、比利時、俄羅斯——她來者不拒，個個都愛。

沒多久，瑪塔・哈莉又愛上一名俄羅斯軍官，年紀小到足以當她兒子。她後來發誓願意為他「赴湯蹈火」，如今她需要的只有錢——很多錢，才能擺脱交際花生涯，專心養這個小白臉——年方廿一的馬斯洛夫上尉（Vladimir de Masloff）。這時拉杜採取了行動；只要瑪塔・哈莉肯為法國當間諜，就可以獲得她目前急需的錢。

瑪塔・哈莉提出了一個大膽的計畫。她決定要請人把她引薦給比利時德軍占領區的指揮官馮畢辛（Moritz Ferdinand von Bissing）將軍，然後藉這層關係攀上老情人德國王儲。她越想越興奮，竟然發了一封平信給拉杜，希望他預付一部分款項，好讓她去買誘惑用的衣著，並且拿一點盤纏，好經英國赴比利時。

瑪塔・哈莉一抵達英國，又遭留置。蘇格蘭警場的大都會副局長湯姆森（Basil Thomson）後來寫道，他在審問她的過程中樂趣橫生，他非常欣賞她的聰明機智。瑪塔・哈莉吹噓她捏造出來的東方人脈，還宣稱她為盟軍作過許多間諜活動。湯姆森向拉杜查證她的說法，但拉杜拍電報回答說，他對瑪塔・哈莉的活動一無所悉，應該遣返西班牙。或許是因為他覺得，若她真的如英國人所懷疑是德國間諜，就應該從實招來才對。於是湯姆斯不准瑪塔・哈莉赴荷蘭，而是送她——連同十大箱行李，往西班牙而去。

瑪塔・哈莉並未因為英國破壞了她原先的計畫而氣餒，她依舊想賺法國人的這筆錢，因此動起德國駐馬德里公使馮卡勒上校（Arnold von Kalle）的腦筋。要找他並不難，她拿起電話簿，查到他的名字，要求訂時間見面，然後開始行動。她靦腆地説明她的技巧：「我做了任何女人在想征服某位男士時所做的事，而且很快就知道馮卡勒非我莫屬。」

不幸的是，馮卡勒懷疑她的動機不單純，因此決定用密碼發一封關於她的電報到德國，而他明知盟軍已經破解了這種密碼。如果她真為法國人工作，那麼這封電報就會讓法國人以為她也為德國工作。這個策略奏效

了，當時法國滿目瘡痍，正想抓幾個間諜來提振士氣，因此法軍逮住了瑪塔．哈莉，這名舞者兼交際花兼業餘間諜簡直不敢置信，她嚴正抗議自己所作唯一的間諜工作就是為法國效力，但法國官方需要代罪羔羊，而瑪塔．哈莉正是最佳人選。

性感，而且獨立到教人不安的瑪塔．哈莉，絕對是危險人物。雖然二十世紀初，女性解放的舞台已經搭好，但戰爭一來，經常擔任情婦或交際花以增加收入的女演員和舞者，往往就受到歧視，被當成破壞世界秩序的罪魁禍首。在承平時期因為表演精彩而受喝采的女性，如今卻成為倍受懷疑的可疑分子。她們非但不按牌理出牌，而且常知曉甚至參與權力中心人物最私密的想法，陪伴他們最無防備的時刻。如果她們為金錢而和男人有床笫之私，那麼這些自我中心的破壞分子當然也可能為了打探情報而和男人翻雲覆雨。越惹火越情色的女人，造成的破壞就越大，而視邊界如無物的瑪塔．哈莉，簡直就是色情春宮的化身，當然必須加以打壓。

一九一七年二月十三日，瑪塔．哈莉因間諜罪名被捕，送往聖拉塞爾女監服刑。瑪塔．哈莉在編舞時，曾技巧地把她充滿魅惑力的過往編在她所表演的角色中，比如埃及艷后所享受的禁忌東方逸樂。在國泰民安承平的時代，這樣的聯想提升了她的吸引力，然而在充滿懷疑的氣氛和戰爭的威脅之下，和外國的牽連就造成背叛賣國的印象而非樂趣。瑪塔．哈莉黝黑的皮膚，從前充滿了魅力，如今卻招來厭惡。法國第三戰爭理事會的檢察官莫內特（Andre Mornet）說明了她為什麼非得被判有罪不可的原因：

瑪塔．哈莉的服飾中，有十九世紀末因莎樂美風潮而漲風行起來的珠飾胸甲。傳言說，她總是隱藏自己的胸部——即使對情郎亦然，這是因為會打老婆的先生有一次在盛怒中咬掉她乳頭之故。

瑪塔．哈莉的明信片，20世紀前。

「這位薩莉女士以國際女性身分出現——這是她自己的說詞，自各國對立以來，她已經變得太危險。她輕而易舉就能以各種語言（尤其是法文）表達自己的意思，她形形色色的關係、她的敏銳善感、她的泰然自若、她的聰明才智、她的傷風敗俗，全都使得她成為嫌犯。」

媒體很快就把瑪塔·哈莉聯想到過去五十年來懸掛在畫廊中、或者出現在文學裡的諸多邪惡女性。她被形容成「罪惡的莎樂美，在德國的希律王前玩弄我軍的頭顱。」她也被比喻為大利拉——另一個專門讓男人說出致命祕密的專家。她坦誠無諱的性吸引力，則被當成她背叛能力的明確證據。

德國間諜史坦豪爾（Gustave Steinhauer）寫道，女人之所以當上間諜，是因為她們追求刺激的欲望。男間諜為國奮鬥，而女間諜卻以滿足自我為重。而因為女性狡詐的天性，因此她們擔任間諜必然會「比最傑出的男間諜更機敏、更伶俐。」有一本以瑪塔·哈莉為本的小說，就強調女性因背叛而得到的強烈個人滿足。書中主角說：「我要怎麼把我的嘴貼緊他們的心！我要吸吮他們，直到他們一滴血也不剩，丟棄他們空虛的骷髏！」這教在大破壞時代負責維持秩序的執法者心驚肉跳，他們聯手封殺這名桀傲不馴的獨立國際女性，處決了她。

瑪塔·哈莉是個女身的性冒險家，她一身蠻勇，在男性專有特權的領域主張自己的權利。她憑著自己，描繪出最後造成她毀滅的細節，她把自己描繪為無國界的女人，擁有充滿異國風情的過去，盡情享受性的歡愉。只要歐洲保持和平的狀態，這樣的女性就能吸引亟欲體驗和她同樣刺激經驗的群眾；然而在戰爭爆發之時，男性由所聽所聞，就知道如瑪塔·哈莉這樣的女性可能讓他們喪命。

瑪塔·哈莉一案的法國檢察官火速完成一切形式手續，確定她罪有應得，陪審團受到先入為主觀念的影響，一面倒判她有罪，雖然後來檢察官承認，其實他們根本沒有足夠的證據，證明她的罪狀。她賣弄風情地把魅惑女郎的斗篷披在肩頭，結果弄假成真，成了太入戲的戲服。法國行刑隊自認為是替天行道，把這名帶給如此多男性如此多歡愉的自傲女子，化為一堆「皺巴巴的襯裙」，剝除了它們所有威脅的力量。

説故事的人警告，男人為如莎樂美或大利拉這樣的女人神魂顛倒之際，往往許下出乎常理的諾言，説出不該説的祕密，埋下了他們身敗名裂的種子。這種神通廣大的魅惑女性，在所有男人的想像中根深柢固，因此很容易就轉化到現實中的女性身上，其實她們可能（也或許未必）擁有男人硬安在她們頭上的這種毀滅本質。少數幾位不幸的例子，如瑪塔·哈莉，就會發現在未來一片光明時，送她們登上成功巔峰的男性欲望波濤，也會在時代風向劇變之際，化為流滿疑心的暗潮，把她們拖入水底淹沒。

6
勾魂攝魄的蕩婦

她的吻顯然並非鼓舞他、為他挹注活力，而是壓榨他、吸乾他。

她藉著強烈的性魅力，由陰鬱的背景一路攀爬，不論她得到多少，似乎永遠都不夠。

一旦她榨乾了男人，到他已經不能提供任何事物，就棄他而去。

隨著時代演進，維多利亞時期的人對巧取豪奪的女人越來越有興趣。在這張畫中，亞瑟王的圓桌武士之一純潔的帕西佛（Sir Percival），對有意攔截他的女人絲毫不假辭色，他最後找到了聖杯。

海克爾（Arthur Hacker，1858-1919），《帕西佛爵士的試煉》（*The Temptation of Sir Percival*），1894年。

瑪塔・哈莉的故事在歐洲流傳一時，在此同期，勾魂攝魄蕩婦的故事也在北美洲成形。北美蕩婦的形象，起源自歐洲浪漫時期的詩和想像。

十八世紀，女性開始爭取自主權，但男人的回應是，想太多會傷了女性可愛的小腦袋瓜，因此他們鼓勵女人待在家裡。維多利亞時期的男性認為，女人的價值並非取決於辛勤的工作或聰明才智，而是由她的美德而定。理想的婦女不再是與丈夫胼手胝足、致力家業的夥伴，而是為家庭犧牲一切的女人。她會為男人準備一個舒適的避風港，讓他隨時可以憩息。這聖潔的百合接受男女之歡，並不是因為她性好淫樂，而是因為那是她的義務。女性被禁錮在上流社會的客廳之中，變得越來越蒼白，不時受到「憂鬱」所苦。在此同時，男人在金融世界衝鋒陷陣，發動割喉戰，常找妓女發洩生理所需，尋求肉體上的滿足。兩性之間的鴻溝越來越大。

一八五七年，波特萊爾（Baudelaire）寫了一首詩《吸血鬼變形記》（*Metamorphoses of the Vampire*），描述一個女人吸盡情郎的骨髓，化為一灘腐肉，露出真面目。一八九七年，史托克（Bram Stoker）創造了吸血鬼查古拉伯爵（Dracula），專門獵捕女人，吸她們的血，而這些女人則榨乾所有愛她們男人的生命。維多利亞時期的人越想在日常生活中擺脫性——比如遮蓋鋼琴的腳、說作母親的不該為逸樂上床，性唯一的目的就是生兒育女——對性的反彈就越大、越厲害。

就在史托克創造查古拉之際，伯納-瓊斯（Philip Burne-Jones）也創造了一個一頭黑髮面色蒼白的女性，她全身只著睡袍，面對著正在熟睡（說不定已經死亡）的年輕情郎，擺出張牙舞爪的掠食姿態，這幅畫名叫《吸血鬼》（*The Vampire*）。維多利亞時期的作家吉卜林（Rudyard Kipling）受到這幅畫的啟發，援筆一揮而就，寫成一首同名詩，部分詩句如下：

這傻瓜在那裡祈禱——
（如你如我。）
對著一堆破爛和一絡頭髮——
（我們稱呼她為不在乎的女人）
但這傻子卻稱她為漂亮小姐——
（如你如我。）

吉卜林解釋為什麼這個吸血鬼要剝奪她情人所珍愛的一切：

這傻子被騙剝下他傻呼呼的皮——
（如你如我。）
在她把他丟到一邊去時，可能得見——
（但她嘗試了並沒有留下紀錄）
因此有些活了，但大部分死了。
（如你如我。）

這就是致命魅惑者全力發揮的景況。她冷漠、自我中心、毫不容情，剝奪了這男人所有的一切，然後棄他而去。維多利亞時期的男人把自己逼到牆角，他們把女人當成裝飾品，只能遠觀，不可褻玩，他們把女人逐出日常的世界，不讓她們有積極的社會互動，令她們放逐到已經塞得過滿客廳的黑暗角落。他們禁止妻子享受性的歡愉，好讓作丈夫的能夠在自家屋簷下，享受無窮的美德。如今這些冷漠、蒼白的女性展開報復。

原本應該反應出她男人男子氣概和成功的女神，如今沈溺在無底的欲望深淵，她已經爬下神座，向男人節節進逼，縮減兩人之間的鴻溝。她伸出手，並不是為了撫慰他的臉頰，向他的耳朵軟語溫存，而是由他的身體拉出她原本應該照顧的靈魂，把它撕碎拉裂。這個念頭醞釀時太過極端，把美夢化為夢魘。

薩妲・芭拉 *Theda Bara*

一九〇九年，布朗尼（Porter Emerson Browne）以吉卜林的詩為本，寫了一齣戲劇，在紐約百老匯造成大轟動。這齣劇名為《有過一個傻瓜》（*A Fool There Was*），描述的是一名養尊處優但生性脆弱的男人，因為無法抵擋無名黑髮女子催眠般的凝視，以及熱情奔放的吸引力，因此一路沈淪的過程。只要她朝他回眸一望，他就神魂顛倒，無法自拔。他願為她放棄所有的一切：可愛而聖潔的太太、美麗年輕的女兒、成功的企業王國。這個吸血鬼並非純潔的百合，而是血紅的玫瑰，散發強烈的氣味，讓感官饜足。她是夏娃轉世、埃及艷后再生、莎樂美復活，全都融為一體。她毫不經意就摧毀了這男人畢生努力才得來的一切。

一九一五年，好萊塢把布朗尼的劇本拍成電影，由席朵夏・古德曼（Theodosia Goodman）主演，她的藝名叫薩妲・芭拉（Theda Bara），也是銀幕上第一個將男人引向毀滅的蕩婦。蒼白而豐腴的她眼皮上擦著深色的眼影，趴在一具骷髏上拍攝宣傳照，這名受害人的生命精髓已經被吸乾，只剩枯骨。在電影中，她的吻很顯然並非鼓舞受害者，為他挹注

黑眼黑長髮，和威嚇的神情，全都在芭拉身上展現。這是她在1915年電影《罪惡》（*Sin*）一片中，展現吸血鬼式的魅力。

活力，而是壓榨他、吸乾他。她藉著強烈的性魅力，由陰鬱的背景一路攀爬，不論她得到多少，似乎永遠都不夠。一旦她榨乾了男人，到他已經不能提供任何事物，她就棄他而去。沒有任何方法能阻止她。她根本無視於瑟縮在他身旁脆弱而貞潔的妻子，因為她明知在吸血鬼邪惡的性魅力之前，她根本毫無抗拒的力量。

好萊塢把吸血美女的角色搬上銀幕，男人的命運被教人毛骨悚然的細節赤裸呈現。在這幅1915年電影《有過一個傻瓜》的宣傳照中，薩妲．芭拉貼伏在受害者所剩的骷髏上。

芭拉在影片中一個接一個的吻，充滿了肉欲與情色。鏡頭刻意在他們身上打轉，原本想把性排除在日常生活之外的男人，如今以更激烈的方式收回領地。他無法逃避急切而猛烈的性，它已經擄獲了他，他無法為這決堤的欲望負責任。她豐滿而強壯，他幾乎完全消失在她體內。這是無比強烈的滿足，同時卻又是無比甜美的恐怖。

即使她如此強烈——其實，也正因為她如此強烈，反而使得芭拉這樣的浪蕩女子只有短暫的流行。一旦最初的驚駭過後，即使對她最著迷的人，也看得出她氣數已盡。然而她的形象卻在男人的想像中深深紮根，永不消逝，只是變化了形貌；到二次大戰，搖身一變，成為教人粉身碎骨的蛇蠍美人。能歌擅舞的蘿拉（Lola Lola）就出現在這樣的變形過程之初，由雌雄莫辨、深諳人情世故的德國女星瑪琳·黛德麗（Marlene Dietrich）扮演，在一九三〇年代的電影《藍天使》（*The Blue Angel*）中出現。

藍天使：蘿拉 *Lola Lola*

在《藍天使》中，浪女以性感玲瓏的曲線，和低沈如男性的音調——首度在有聲電影現聲。雖然她依然保有迷惑和毀滅男人的能力，但這位魅惑女郎並不浪跡天涯，搜尋男人；相反地，她守株待兔，坐等男人上門，因此成為她犧牲品的男人，可以說是自作孽，不可活。堅強的男人，或者趨吉避凶的男人，自然就能保安全，不會受她之害。她影響的是天性脆弱而又自投羅網的男人。她會致命，但她也是個標記，顯示男人正在恢復平衡——因為唯有弱者才會屈服。

電影一開始，羅斯教授（由傑寧斯 Emil Jannings飾）是個正直的男人，在社區裡很有地位。身為男子高中的老師，他的工作就是塑造這些孩子的性格，限制這些國家未來主人翁的衝動。然而，當他上夜總會追壞學生時，卻為了性感的明星蘿拉喪失了一切。他在蘿拉表演後瞥見她若隱若現的蕾絲襯裙一角，讓這位生性嚴肅的老師拿出教室這塊地盤，和她的舞台交換。

羅斯教授在他原本所屬的環境背景中，是位一板一眼、光明正大，只是略帶一點嚴肅的人物，蘿拉則是男人傾吐欲望的對象。這位好老師原本的天地平穩而狹隘，而熱情的表演女郎則是則永遠在清掃不斷變動的環境，好為下一場表演作努力。他面對的是怡神養性的古典作品，而她在乎的卻是奇妙的夢想。他完全受到女性本質的誘惑，雖然他完全不了解它，卻亟欲親身體驗，而她則對如何吸引男人，讓男人把焦點放在她身上，瞭若指掌。

羅斯無法抗拒她的魔力，造成他萬劫不復的境地。不諳人情世故的他，輕而易舉就拜倒在蘿拉俗麗的石榴裙下。等他一娶了她，他就成了她的哈巴狗，為她奔忙，協助她把自己轉變為教其他男人目眩神馳、神魂顛倒的女人。她向台下的男性觀眾賣弄風情、大拋媚眼，而他們也和她的丈夫一樣，毫無招架之力。但羅斯卻一籌莫展，隨著蘿拉慢慢地侵蝕了他的男性氣概，他只能乾瞪眼。

電影的結局是最終的羞辱。蘿拉的劇團重回羅斯的故鄉表演，他以小丑和戴綠帽的烏龜形象，在從前的學生面前亮相。從前他展現威權的對

瑪琳・黛德麗完美地呈現了這位星眸半閉的冰霜美人如何吸引男人，然後又如何把他們一腳踢開。

象，如今看到他的窘境，以兩倍的譏笑回報他。

這就是一九三〇年前女騙徒的力量，她會讓他在同儕面前像個傻瓜，而若他想要揚名立萬，非得讓同儕對他有深刻的印象才行。電影的寓意似乎是：脆弱的男人不能容忍自己陷入女人的天地之中，他們必須明哲保身，追求男性應成就的事業。娘娘腔、女性化的男人成了取笑的對象。太支持女性爭取平權的男人，往往倍受玩弄。他們是脆弱的傻瓜。「離開她的床，回到和你一起喝酒的兄弟這裡，」他們吆喝著：「她只會讓你漫無目的，向下沈淪，而若你回到我們身邊，我們會給你全世界。」

蘿拉傳承了毀滅性魅惑者，直到一九四〇年代，創造出「蛇蠍美人」的形象，在此同時，另一種較不具威脅性的魅惑者已經翩然成形。

瑪琳．黛德麗在《藍天使》中飾演歌舞女郎蘿拉，把小城高中老師迷得暈頭轉向，擺脫他原本雖安穩卻平淡乏味的單身漢生活，沈迷在紙醉金迷的齷齪夜總會生活。他迷失了自己。

畫中佳人：艾格紐夫人 *Lady Agnew*

在二十世紀之初，蕩婦的形象深入維多利亞時期的人心，就連上流社會的婦女，也開始以邪惡的表象為時髦。肖像畫家把這個特色融入作品之中，讓鍍金畫框中的這些女性，以朦朧而帶惡意的眼神，凝視著觀畫的人。

在美國肖像畫家沙金特（John Singer Sargent1856-1925）所繪的蘇格蘭同儕夫人《艾格紐夫人》（*Lady Agnew*）一畫中，畫中人物一手垂在椅側，輕鬆自在地置身觀畫者闖入的私密空間裡。她抓握椅腳的姿態有一種權威的力量。她雖安適，但卻隨時準備應付一切。在畫框裡的一切都是她的勢力範圍，觀畫者一旦進入，就必須自行承擔後果。她的右手隱藏在裙子的皺褶之下，她會伸手歡迎？抑或只是一眨也不眨地睜著大眼睛，等著訪客率先行動？她有充裕的時間可以等待。懸疑的沈默越長久，訪客就越心焦，因為他被迫得踏出第一步，先步入未知的境地。

這個女人不是任你觀看的物品，而是掌控一切的主題。她想採取什麼樣的行動，還不得而知，她嘴角幾乎看不見的一絲微笑，意味著她可能正在盤算著某種個人的娛樂，而且可能是以觀畫者為犧牲。她很有信心，不論自己做什麼打算，都一定能趁心如意。她微挑的眉毛既挑戰來者，要他參與她的計畫，卻又疑惑他是否會參加。

先入為主的蕩婦形象導引了成群結隊的蒼白女性，她們行屍走肉般的容貌，顯示她們和另一個世界的生命相關。在這個被女人吸光榨乾特色迷惑的時代，法國女星本恩哈特（Sarah Bernhardt，1844-1923）宣稱她在舖著絲緞的棺材中午睡，更添神祕氣息。俄國舞蹈家魯賓斯坦（Ida Rubinstein）則以瘦削、濕冷的面容名聞遐邇，她雖吞噬了周遭的世界，但蒼白無血色的面容卻增添不了一絲色澤。她的情人，美國藝術家布魯克斯（Romaine Brooks）在《死亡》（*The Passing*，1911年）這幅作品中，畫出赤裸的她，就像躺在驗屍台上的衰弱屍體，長髮垂至地上。

7

金髮尤物

金髮尤物是銀幕上的性感小貓，是綺夢成真。
她明艷照人、活潑天真，
和吸血女鬼的邪惡冷漠截然不同。
和黑髮陰沈的女鬼另一個對照是，
她有燦爛奪目的一頭金髮。

珍・哈露（Jean Harlow）身材曼妙，而且也把它發揮得淋漓盡致。她是攝影師夢寐以求的對象，舉手投足自然不造作，流露萬種風情，而且樂於配合，追求最佳效果。

《國民公敵》（*Public Enemy*）裡的珍・哈露，1931年。

靠美色達到目的的女間諜瑪塔·哈莉和勾魂攝魄的吸血女鬼芭拉，都是充滿毀滅性的紅顏禍水，而她們出現的年代正是世局動盪不安，女性又出頭爭取平權，重挫男人信心的時代。等到一次大戰之後，世局回歸平靜，生活重趨安定，社會欣欣向榮，尤以北美為然。戰爭並沒有像某些人擔心的那樣，帶來世界末日。女性依舊是男性的好幫手，相夫教子，愛與婚姻的傳統價值觀似乎安然無恙。男人為了回報女性在戰爭歲月中的合作，讓她們擁有了投票權。在英國，女性溫文有禮地要求了六十五年，接著來勢洶洶地爭取了五年，終於得到了滿意的成果，三十歲以上的女性可以參與全國選舉。加拿大各地和大部分的歐洲國家也紛紛跟進，到一九二〇年，美國婦女也獲得了同樣的權利。

容許婦女參政並沒有馬上造成混亂，讓男人放寬了心。於是在一九二〇年代，北美就出現了頑皮的新女性。這群活潑的年輕女郎不再暴露玲瓏有致的危險曲線，也拋卻了性感暴露的服裝。她們束起胸脯、剪短頭髮，穿著不顯曲線的短直裙，就像小男生一樣；她們和女吸血鬼不一樣，沒有狡詐的心機；她們愛玩愛鬧，活潑而有朝氣，對於各種實驗樂此不疲。

在這段美好的時光裡，男人不再把女人想成埋伏在街角暗處，隨時等著出其不意撲上獵物的蛇蠍，人生光明燦爛，笙歌徹夜，燈火通宵。當然，偶爾也有一心想釣金龜婿的投機女郎，和漫不經心、輕易付出情感的濫情女子，是自我中心、鐵石心腸女吸血鬼的餘毒，但如今男人有錢，負擔得起喜愛漂亮物品的美麗女人。雖然有些女人冰雪聰明、伶牙利齒，但也有不少只愛尋歡作樂的派對女郎，足以平衡。到一九三〇年代，好萊塢已經看不見獵捕男人的吸血女鬼芳蹤，而由活力充沛的金髮尤物取而代之，她是銀幕上的性感小貓，是綺夢成真。她明艷照人、活潑天真，和吸血女鬼的邪惡冷漠截然不同。和黑髮陰沈女鬼的另一個對照是，她有一頭燦爛奪目的金髮。

珍・哈露 *Jean Harlow*

這種賞心悅目的新尤物，以珍・哈露為代表，在好萊塢公關部門宣傳之後，她以「白金金髮尤物」（Platinum Blonde）知名。珍・哈露在荳蔻年華之際，就有傾國傾城之貌。她後來的密友描述當年名為卡本特（Harlean Carpenter）的她到家裡來玩的景況。這名密友的父親邀了幾位朋友來家裡玩牌：「門鈴響了，一頭偏白金髮和深邃綠眼睛宛如天人一般的女孩出現在門前，所有的男人都看得目不轉睛。」另一位朋友則說：「即便在那時候（約十六歲），卡本特依舊是我畢生僅見的絕色。毫無瑕疵的肌膚，白得簡直透明……她才五呎兩吋（一百五十六公分），但全身骨肉亭勻，一雙美腿，笑容可掬。……我們走在街上，眾人爭睹，途為之塞，男人紛紛爬出車門，跟隨在她身後。」

她是未來的絕世美女，天生麗質，不論怎麼穿著打扮，都遮掩不了她性感的風情。珍・哈露的性感渾然天成，即使在小學時代，都散發出性感氣息。「卡本特小姐教人一見難忘，即使她身穿校服，也同樣充滿魅力。全校沒有人的水手式上衣裁剪得像她這樣服貼，雖然師長告誡，但她的臀部依然在及踝的長裙中款擺。」珍・哈露明白，美並不只是光站著不動——再沒有比動態的性感更美的事。一位同學也證實了這種說法，她提到她父親在學校看到珍・哈露的反應，他向女兒坦承：「其他同學走路就是走路，只有珍・哈露走得風姿綽約。」

這樣可愛的魅惑女郎對她們的胴體抱著健康而享受的態度。即使才初入影壇，珍・哈露依舊對自己玲瓏軀體對其他人產生的效果安之若素。一九二九年，她和勞萊與哈台（Stan Laurel and Oliver Hardy）合拍默片《雙重喧鬧》（*Double Whoopee*），片中有一段描述勞萊飾演的笨門僮在關計程車門時，夾住了珍・哈露的裙子，她向前走，裙子卻被車子扯下，因此她只穿著一件透明的襯裙走進旅館大廳，渾然不覺出了什麼差錯。

在拍這一段內容之前，有人告訴珍·哈露，要「穿少一點」，剛踏進影壇的她不明白這表示她該在戲服下穿肉色的安全褲，而以為這表示不要穿內衣，對自己身材很有自信的她乃欣然從命。飾演旅館接待員的演員施丹（Rolfe Sedan）後來說：「我們不知道她會光溜溜走進來，大家都沒有心理準備。……她走到櫃檯的那瞬間，我瞠目結舌，把台詞忘個精光，一句話也說不出來。」

一九三二年，珍·哈露拍《紅髮佳人》（*Red-Headed Woman*），戲中要她寬衣解帶，雖然她底下什麼也沒穿，卻毫不猶豫。「那時赤身露體的情況還很少見，而珍·哈露的軀體一如雪花石膏雕像般完美，來探班的訪客簡直不敢相信他們的眼睛，負責燈光的同仁則差點因震驚過度，而由舞台頂棚上摔下來。」

頑皮的魅惑女郎對於暴露自己的魅力樂此不疲。在一九三二年的《滾滾紅塵》（*Red Dust*）影片中，珍·哈露裸體在雨桶中沐浴，攝影機靠近時，她一躍而起，酥胸全露，高喊：「這是給攝影棚夥伴們的福利！」急得導演佛萊明（Victor Fleming）抽出底片，以防走光鏡頭外洩。雖然珍·哈露是性感的象徵，但電影公司考量她的形象，依舊有其限度。

在1930年代，好萊塢電檢人員還沒開始動手之前，珍·哈露有短短一段時間，可以扮演性態度自由奔放的女人。

《國民公敵》中的珍·哈露，1931年。

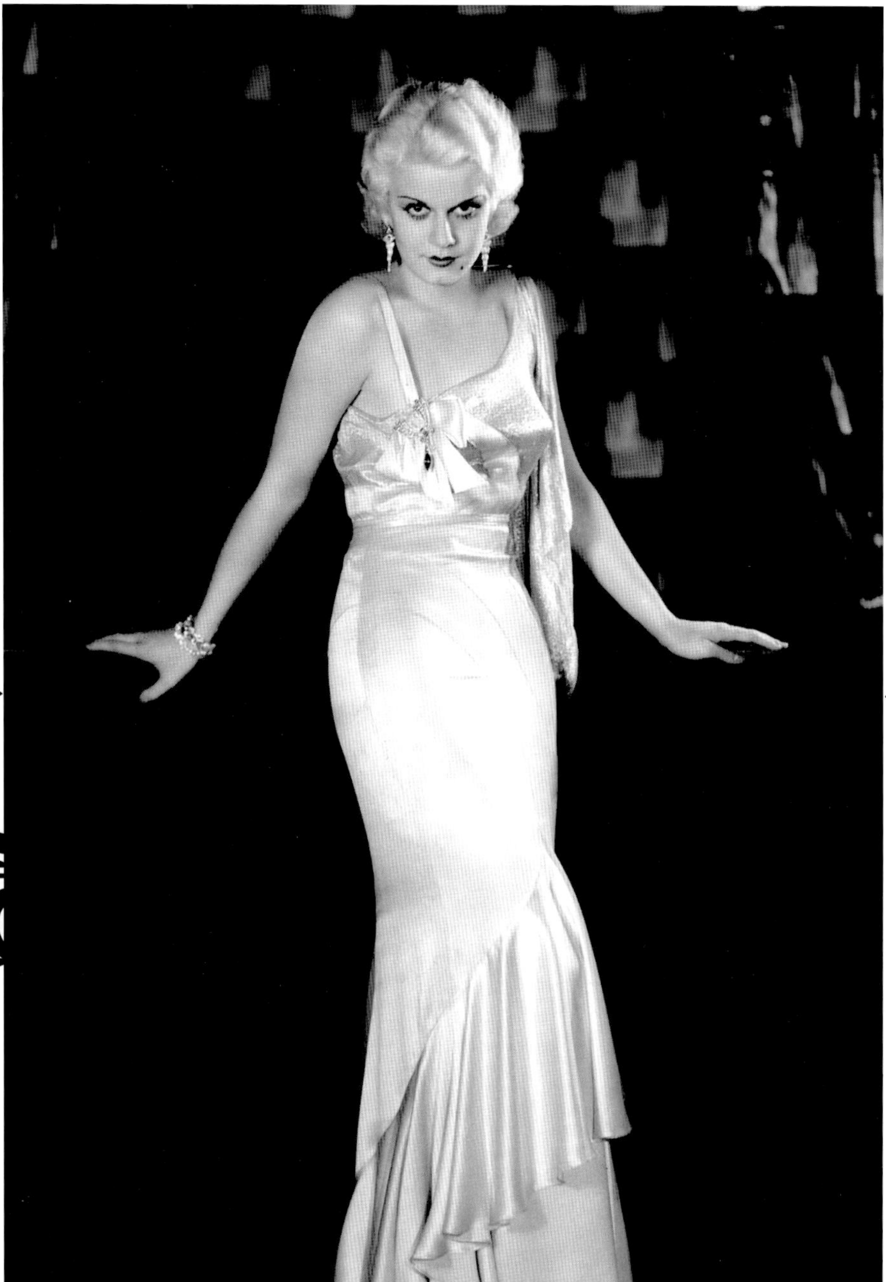

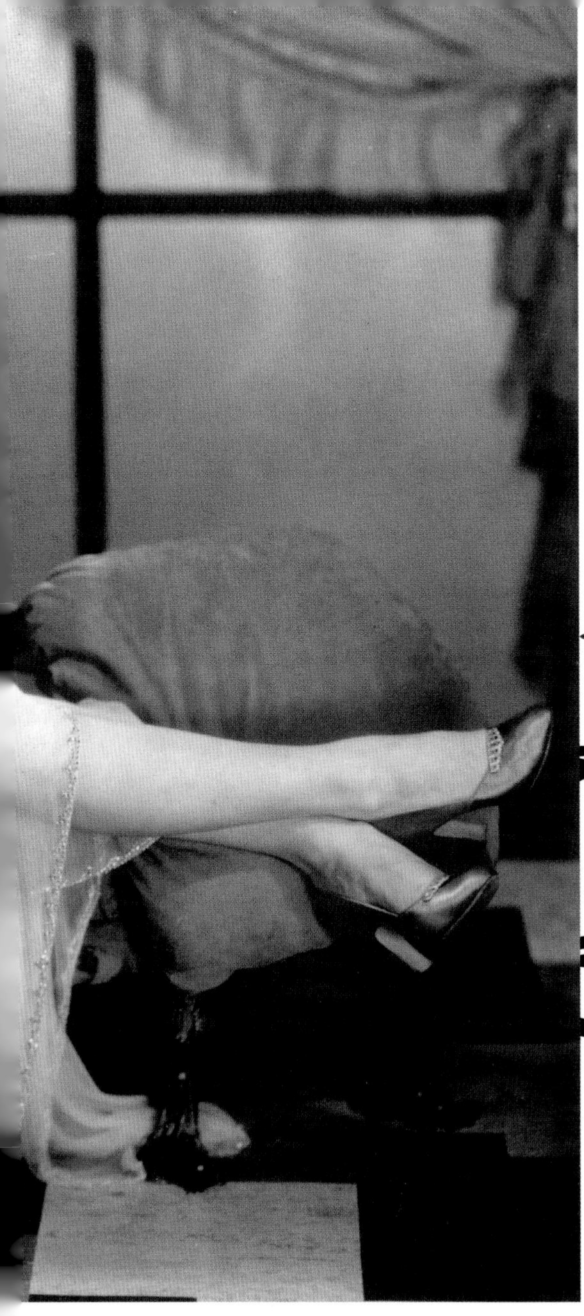

克拉拉·鮑兒（Clara Bow）是活潑而主動的紅髮美女，在默片時代叱吒風雲，直到珍·哈露取而代之。曾有一名辦公室小職員說：「我從沒嗑過藥，但看到這女郎，就好像嗑了藥似的。」《紐約時報》（*New York Times*）頗有同感，報導說：「她甚至可以撩撥大灰熊。」

珍・哈露最名聞遐邇的對白，出自於一九三○年拍的《地獄天使》（*Hell's Angels*），導演是常有驚人之舉的霍華德・休斯（Howard Hughes）。珍・哈露在片中飾演性態度積極開放的美女，既抽菸又喝酒，而且常常裸露如凝脂般的肌膚。其中一景是她把最新追求者的弟弟引誘到她家，為自己倒了杯酒，然後褪盡衣衫，問：「你會介意我穿件比較輕鬆的衣服嗎？」這話後來略作修改，成了魅惑女郎的經典開場白：「你介意我滑進比較輕鬆的衣服嗎？」

珍・哈露飾演的都是讓她惡名昭彰的角色，再加上她對於展現胴體毫不遲疑，使她更加聲名狼藉。她厭惡穿著內衣，時常要勉強才塞進戲服內。在一九三一年的電影《鐵人》（*Iron Man*）片場，不論是演員，還是工作人員，全都湧來看她穿著透明的洋裝演一幕宴會的戲。一名觀眾後來說：「她出場時蓮步輕移，緩緩走下階梯，裙底風光一覽無遺！大夥兒由四面八方湧來欣賞。」珍・哈露深諳各種竅門，展露她的緊身禮服，把效果發揮得淋漓盡致。傳說她還把恥毛染白，以免它會透過透明而緊繃的布料穿幫。在一九三一年的《國民公敵》片中，她誘惑的對象卡格尼（James Cagney）對她的乳頭為什麼老是挺立大惑不解，最後按捺不住好奇心問她：「妳怎麼讓它們屹立不搖？」她的回答是：「用冰去敷。」

魅惑女郎往往有一種厚顏無恥的特質，讓她們終能達到目的，珍・哈露自不例外，即使在她不拍片的時候依然。有一天，她穿著超低胸禮服參加好萊塢的宴會，塑造自己性感的形象。女主人不懷好意地說：「親愛的，妳的禮服滑到腰部了。」珍・哈露卻能泰然自若地起身，把禮服由肩上拉開，讓它真的滑到腰部，而她也一如平常一樣，未穿胸衣。接著她不動聲色地問大驚失色的女主人：「可不可以再來一點咖啡？」

有一次，珍・哈露應邀到百萬富翁赫斯特（Randolph Hearst）六萬七千英畝的豪宅去作客，赫斯特認為她穿的是睡袍而不是晚禮服，於是要他的情婦——女星戴維絲（Marion Davis）轉告珍・哈露更衣。珍・哈露不情不願地下桌，回來的時候穿著一身長大衣，整個餐宴都不肯脫下來，抗議老古板赫斯特自以為是。

珍・哈露在銀幕上的作品大部分都是由男性為主的片場所設計，讓她大大發揮性感尤物的熱力，作家格雷安・葛林（Graham Greene）曾寫道，她在所拍的最後一部電影《薩拉托加》（*Saratoga*）中，「提著一對胸脯，就像男人提著槍。」攝影師夏姆洛伊（Leon Shamroy）一九四六年為另一枚性感炸彈瑪麗蓮・夢露（Marilyn Monroe）試鏡時，曾說：「夢露為電影帶來性感，一如珍・哈露。」

珍・哈露的銀幕魅力在於，她雖然火熱，卻不致讓男人燙傷。她雖然精力充沛、脾氣暴躁，而且毫不吝惜展露老天賜給她的本錢，但她也不在乎挨如克拉克・蓋博（Clark Gable）之類鐵漢男星的幾個巴掌，這讓坐回觀眾席的男性觀眾安心多了，覺得這才像話。

電影是反映出魅惑女郎形象的絕佳媒體，在一次大戰期間和之後，魅惑女郎由吸血女鬼轉變而為金髮尤物；教人髮指的冷血獵人變成了精靈古怪的活潑女郎，雖然讓男人花了不少銀子，但最後還是成了他的俘虜。像珍・哈露扮演的這種金髮尤物，似乎對兩性之間你來我往的戰爭樂此不疲，但在這背後，雙方都了解、也都接受對方，而更重要的是，雙方也都知道，女性這方最後終會屈服投降。

在二次世界大戰期間和之後，致人於死地和可愛調皮的女性特質依舊會循環出現，先出現的是性感冶艷的美麗壞女人，然後在五〇年代，由珍・哈露的繼承人可愛的性感小貓瑪麗蓮・夢露取而代之。在男人每一次恐懼的輪迴中，因為戰爭威脅到他們穩定的生活，而越來越焦慮，等到他們發現自己的恐懼毫無根據，就又放寬心情。他們一再地隨著自己引發的心靈風暴折磨自己，又一再改變自己對女人的觀點，而女人則竭盡所能，衝過欲望的潮流。

克拉拉・鮑兒 *Clara Bow*

默片發展成為有聲電影時，金髮尤物的形象也逐漸浮顯。然而有一位在默片時代擁抱性和誘惑的明星，卻未能度過無聲至有聲的轉折，她就是以演《它》（*It*）片聲名大噪的「它女郎」——克拉拉・鮑兒。原本是英王愛德華時代社會名流，後來成為好萊塢性學大師的格林（Elinor Glyn）說：「《它》是一種特質，吸引異性，就像飢渴的黃蜂撲向成熟的水果。」

鮑兒和當時其他明星不同之處，在於她生氣蓬勃、甚至狂熱的表演特質。製片家楚克（Adolph Zukor）曾經這樣描述鮑兒：「她的某一部分總是動個不停，就算全身都不動，至少兩隻大眼睛也會滴溜溜、骨碌碌地轉。」導演阿資娜（Dorothy Arzner）則把她比喻為「銀幕上的跳躍火燄。」鮑兒之所以未能在有聲電影大放異采，就是因為在當時使用固定式麥克風的情況下，她不肯站定在一處，收音人員根本來不及把錄音設備裝妥，她就又移位了。她在舞台上橫衝直接撞，就像小蜂鳥四處飛舞，忙著吸吮下一朵花的花蜜似的。

銀幕下，《綜藝》（*Variety*）雜誌稱她為妖姬，她家裡有一間東方風情的房間號稱為「愛室」（loving room），賈利・古柏（Gary Cooper）禁不起誘惑，步入這罪惡之窟時，瞠目結舌，只顧嚥口水，滿口：「哇！啊！」鮑兒的一位情郎表演了精彩的自殺未遂，血滴落在鮑兒的照片上，她卻不為所動，只告訴記者說：「告訴你吧，男人真為女人自殺時，不會用安全刀片割腕，然後倒在沙發上，嘴裡還能叼根煙。他們會用手槍。」

這個活潑熱情的小寶貝在一九二九年拍《周六夜小子》（*The Saturday Night Kid*）時，看到同台演出初露頭角的珍・哈露，就知道自己在影壇掛頭牌的日子無多了。助理導演賈可布森（Artie Jacobson）說：「珍・哈露穿著黑色針織裙裝現身，裡頭是無縫胸罩。由我所坐的角度，根本看不出她是穿著它，還是把它畫在身上。」鮑兒的反應直接了當，她突然尖叫說：「我在她身邊，還有誰要看？」

8

美麗壞女人

美麗壞女人是以性魅力為餌的掠食者，
男人不過是她為所欲為的工具。
在她眼中，性就等於權力和野心，
這樣的女人可以煽動男人背叛他的同伴，
為她執行齷齪的工作。
美麗壞女人是漂亮的毒蛇，
她肆無忌憚的凝視讓男人深深著迷，成為自我毀滅的殺手。

美國導演瑪莫連（Rouben Mamoulian）曾說，麗泰・海華絲（Rita Hayworth）表現出一種「無法外求的內在優雅，而且散發出額外的一種悸動，讓觀眾立刻體會到情欲。」

很不幸，一九二〇年代燦爛的榮景稍縱即逝。北美洲長期的荒旱和華爾街股市崩盤，引發了經濟大恐慌，在一九三〇年代粉碎了男人的信心。更糟的是，到一九四〇年代，另一次世界大戰隱然成形。男人對於動盪年代女人叛逆的故事——莎樂美、大利拉、瑪塔．哈利，早就耳熟能詳，了然於心，如今對女人則再一次抱持疑惑猜忌的態度。

男人之所以那麼緊張，是因為女人已經在一次大戰證明她們有多麼能幹。這回女人同樣可以作好準備，在男人出門打仗時，舞動扳手，焊接飛機零件，處理一切的事物。只是這一回，她們有投票權，而且也品嘗到了一九二〇年代自由的滋味。男人對自己的生計感到不安：等戰士解甲歸田之時，女人肯不肯交出原本屬於男人的五金工具，乖乖回到廚房？男人要的是一個保證，但他們得到的卻是美麗壞女人。

一九四〇年代「黑色電影」（film noir）中的美麗壞女人通常是個以性魅力為餌的掠食者，男人不過是她為所欲為的工具。溫馴的小妻子把性當成愛和安全的象徵，而美麗壞女人卻不同，在她眼中，性就等於權力和野心。這樣的女人可以煽動男人背叛他的同伴，為她執行齷齪的工作。而製片家藉著在大銀幕上拆穿她的技倆，等於是給男人鎖鑰，讓他們解開她的束縛——以免返鄉的戰士碰到等在他們門前的蛇蠍美人。

戴德瑞克森太太 *Mrs. Dietrichson*

瑪琳．黛德麗的蘿拉是吸血女鬼和美麗壞女人之間的跳板。吸血女鬼是主動攻擊的猛獸，亦步亦趨地跟蹤獵物，張開滿嘴利牙一口咬下，讓他失血而死。蘿拉則是潛伏窺探，伺機而動，就像一隻張開大網的蜘蛛，守株待兔，等著蒼蠅落在牠黏呼呼的網上，讓她恣意地壓榨出他最後的男子氣概。相較之下，美麗壞女人則是漂亮的毒蛇，她肆無忌憚的凝視讓男人深深著迷，成為自我毀滅的殺手。英國浪漫派詩人濟慈（John Keats）在他的長詩《萊米亞》（*Lamia*）中描繪了這樣的女人。在這首詩中，蛇化身為女人，勾引男人。
濟慈這樣形容她的魅力：

她狀如蟲形，一身炫彩，
朱紅斑點，金、綠、藍交織；
她條紋如斑馬，斑點如花豹，
眼似孔雀，深紅橫線；
她的頭上是淡淡的火燄，
灑上星辰，就像阿里阿德涅*的王冠：

她的頭是蛇，但又苦又甜；
她有女人的小嘴，嘴裡滿是珍珠；
她的喉嚨是蛇，但她口吐珠璣，
彷彿滾過冒泡的蜂蜜，為愛之故，……

Keep mum
she's not so dumb!
CARELESS TALK COSTS LIVES

（編註：希臘神話中的人物。阿里阿德涅是克里特島公主，愛上英雄提修斯（Theseus），幫他殺了牛頭人身的怪物，卻被始亂終棄，丟在那克索斯島（Naxos）上。阿里阿德涅絕望之際，遇見該島的守護神——戴奧尼索斯（Dionysos），他愛上公主，並用一項鑲著寶石的皇冠向她求婚。當阿里阿德涅離開人世，悲傷的戴奧尼索斯把那頂皇冠拋向天空，成了美麗的北冕星座。）

（右上圖）像這樣警告美女陰險面目的海報，在二次大戰時期的英國四處張貼，廣為流傳。海報上的大字寫著：閉上嘴，她沒那麼笨；小字寫著：禍從口出。

十九世紀的浪漫派詩人看出了「恐怖的騷動可愛」，一九四〇年代好萊塢的片商則把這樣的恐怖，在美麗壞女人的身上開花結果。

在一九四四年的電影《雙重保險》（*Double Indemnity*）中，酷辣的金髮美女史坦華（Barbara Stanwyck）飾演心如蛇蠍，欲求不滿的妻子。她的丈夫事業有成，讓她燃起了財富和社會地位的野心，但他卻從未讓她如願，而是把辛苦賺來的錢投資在自己的事業上，每當老婆去逛街採購，他就大聲抱怨哀號。就算他去世，她也得不到好處——因為他的保險受益人是前妻所生的女兒羅拉，而不是她。

一天，保險業務員奈夫（麥克莫瑞 Fred MacMurray飾）上門，來為她先生的汽車辦續保。奈夫既年輕又聰明，只是有點自負。戴太太一心一意，就在等待這樣的良機，當然散發全身魅力吸引他。客廳的氣氛宛如天雷地火，只待一觸即發，業務員和滿懷怨恨的妻子兩人你來我往，用充滿性意味的語言唇槍舌劍。奈夫還在細細品味兩人之間的刺激對話之時，戴太太卻已經化力量為行動，她甜甜地問他：如果她幫丈夫保了壽險，而他卻發生意外，結果會怎麼樣？

就像許多和這種魅惑女郎扯上關係的男人一樣，奈夫是他本行的專家，他深諳保險業務的種種規矩，這是白紙黑字規則清清楚楚的遊戲。雖然不時有人想要耍詐，但不難逮住他們，讓一切回歸秩序。保險界的人活潑開朗，而且像大家庭一樣關係緊密。奈夫在工作上，有同事的尊重和支持，生活美好愉快。然而這個女人卻拋下手套，向他挑戰，要他解決她的困境。她舌粲蓮花，以恭維誘惑他，她撒嬌：「我以為你懂得你們這一行的一切。」

奈夫並不是笨蛋，當然不想參與她的計謀。他能有什麼好處？但美麗壞女人當然懂得他的心理，這個上當的傻瓜事後悲嘆說：「我知道自己接到了燙手的山芋，該盡快拋下它，以免它燙到我的手。」然而，他卻緊緊地抱著它。她到他的公寓來，字正腔圓地幫他說出他不敢說的話：

「你今天下午忘了帶走你的帽子，難道你不想要我把它送回來嗎？」

美麗壞女人在兩個層面上，向受害者發揮她的魅力。她喚起他和美女銷魂的欲望，也讓他起了雄心，要征服他的男同事——這兩種強烈的原始情緒推動他憑本能而非理智行動，他既想享受美麗壞女人的胴體，又想在成功的階梯上更上一層樓。戴太太給了奈夫雷轟電掣的刺激，也給了他考驗自己扳倒上司的機會。

奈夫的上司凱斯（愛德華．羅賓遜 Edward G. Robinson飾）是這一行裡對假保險真謀財最敏感的高手，奈夫正好以他為試金石，證明青出於藍而勝於藍。戴先生的死亡是他成熟的試煉儀式，是他通往真正保險菁英的入場券。戴太太感受到他的野心，收為己用，她給他機會，讓他在原本井井有條的世界中創造混沌，脫離原本的團隊，以自己的特色獨樹一幟。憑他自己，他永遠做不到，但她卻讓他覺得自己所向無敵。就像守株待兔，等著引誘奧德修斯的女妖一樣，她之所以危險，是因為她解開他的束縛，喚起並且哺餵他最深沈的渴望。

這個想法聽來刺激，但實際上，至少在一九四〇年代，這樣的計畫是不可能成功的。在黑色電影中，謀財害命的女主角和她所誘惑的男人必須付出代價，通常必須以性命抵償。這是要給男性觀眾的訊息，或許你以為可以拋開責任，逆天行事，或許你以為自己可以反抗傳統，搭上不按牌理出牌的女人，但千萬別這麼做。我們這些其他的男人，這些保持警覺的男人，一定會逮住你，教你付出代價。告訴你，這絕對不值得。然而，競爭的本能卻讓受到誘惑的男人難以忘情，無法擺脫。誰知道呢，也許他們預先能作個天衣無縫的周詳計畫，擺脫一切罪責，最後偕同美女逃之夭夭。

在《雙重保險》中，奈夫運用他對保險這一行的了解，計畫了完美的謀殺案。他和充滿誘惑力的戴太太組成雙人搭檔，把計畫牢記在心，然而凱斯抽絲剝繭，發現了蛛絲馬跡，雖然他或許永遠想不出答案，但其實他也不必找答案，因為到頭來，奈夫和戴太太自相殘殺，自我毀滅。這對搭檔拆夥的主要原因，是兩個惡人的信任瓦解。奈夫發現有個機會可以把殺人罪栽贓給別人，於是他趁著夜黑風高走訪戴太太，準備殺人滅口；而另一方面，戴太太發現他不再站在她這一邊，也擬了相同的計畫，要除掉奈夫。最後兩人互相射擊，他們的熱情早已化為烏有。

美麗壞女人雖然危險，但卻並不如先前的吸血女鬼那般邪惡。吸血女鬼根本不受周遭男性社會的限制，而美麗壞女人則依舊在男性規範的規則之下。美麗壞女人並不像她邪惡的女鬼姊妹淘那樣獨自行動，她無法擺脫自己對男人的依賴。黑色電影的焦點往往不在壞女人和對手之間的性吸引力，而在於兩個男主角之間的互動，如何展現他倆搶占上風之間的掙扎？《雙重保險》以奈夫和凱斯之間的關係為架構，奈夫想要證明他的計謀可以騙過凱斯，但凱斯卻說明了，想要挑戰培養他們的制度是危險的，尤其在美女殷殷相邀之際，更要提高警覺。

不過更重要的一點是，和一九一〇年代芭拉的吸血鬼，或一九三〇年代瑪琳．黛德麗的蘿拉相比，美麗壞女人犯罪之後，法網恢恢，疏而不漏。到電影最後，社會體制再度獲勝，邪惡的壞女人雖然盡一切可能推翻體制，但邪不勝正。男人解甲歸田，可以抱持信心，知道社會體制不致趁他們不在時分崩離析。他們可以欣賞壞女人精心編織她罪惡的網，心知最後必然法網難逃。他們大可盡情享受她的肉體，而不用擔心她心靈的罪惡。走上歧途的女人必然會被馴服，受到教訓。

這是美麗壞女人心狠手辣的一面：戴太太把槍藏在沙發墊下，等著情郎來訪。

史坦華在《雙重保險》中飾演戴太太，1944年。

史芬克斯 *The Sphinx*

美麗壞女人隱密的動機，顯示出女人對男人而言，是何等的謎團。如果男人想像不出魅惑女郎究竟想要做什麼，就會身陷險境。女人如謎一般狡詐的天性，在古希臘流傳下來的怪獸史芬克斯故事中彰顯無遺。史芬克斯使提比斯城（Thebes）陷入恐懼之中，直到最後英雄伊迪帕斯（Oedipus）到來，發揮過人才智，解救了提比斯。

傳說史芬克斯是獅身鷹翅，卻有女人的乳房和臉孔。她是口吐毒液，張口噴火的堤豐（Typhon。**編註：比山還高的噴火巨人，長著一百個蛇頭，渾身覆滿羽毛並生有一對翅膀。**）和半人半蛇美麗女怪厄喀德娜（Echidna。**編註：希臘神話中半人半蛇的女妖，平時住在洞穴中，會利用美貌吸引過路的旅客，再將之吃掉。**）的結晶。她盤據在提比斯城門口的一塊大岩石上，向所有過往的路人挑釁，要他們回答這個問題：「什麼東西早上有四隻腳，中午兩隻，晚上三隻？」答不出來的人就被她絞死。然而伊迪帕斯一說出正確答案「人」之後，她卻由岩石一躍而下，自殺而死。

史芬克斯繼承了父母的美貌、致命的熱情，和蛇蠍一般的陰謀狡詐，她外表的特色結合了利爪老鷹和凶猛雄獅，能夠瞄準目標、埋伏前進，一舉撲上攻擊摧毀她選中的獵物。不過她總在處決他們之前，以這則教人百思不得其解的謎語向他們挑戰。而隨著廿世紀的進展，掠食者吸血女鬼讓給了老謀深算的美麗壞女人，這兩個形象都反映出難解的史芬克斯謎團，直到性感小貓璀燦亮麗的光輝抹去了史芬克斯罪惡的陰影。

麗泰．海華絲 Rita Hayworth

一九四〇年代美麗壞女人的形象，再沒有人比麗泰．海華絲（Rita Hayworth）勾勒得更傳神了。一九四六年，她在《蕩婦姬黛》（*Gilda*）一片中，把壞女人的魅力發揮到極致。電影的主題是三角關係，一方面，賭場老闆巴林（麥克瑞迪 George Macready飾）和強尼（葛倫．福特 Glenn Ford飾）之間有業務關係；另一方面，強尼和在賭場獻唱的姬黛又有熾熱的戀情。姬黛和強尼吵架之後，一氣之下嫁給巴林，成了巴林的財產，而強尼則靠著照管巴林所有的財產維生。

電影中的情感一直環繞在強尼和姬黛為了兩人先前關係的不快互相折磨、互相懲罰。姬黛一心一意要讓強尼嫉妒到發狂，她故意在他面前向別的男人投懷送抱，除非他強迫她，否則不論他說什麼，她都拒絕。但最氣人的是，她勾引每一個男人，只是為了向他證明他對她已無足輕重。起先她一一對賭場的顧客賣弄風情，最後她在表演節目時強力放電，結果引得男人蜂擁而來，衝垮舞台。

姬黛用了許多魅惑女郎故事中常見的主題，在用骰子和紙牌賭博之時，男人能夠掌控一切，但一旦他們跨足到女人身上，可就步入險境。巴林和姬黛婚後，強尼恭喜姬黛而非巴林，說她飛上枝頭作鳳凰。姬黛由房中一叫喚，被她迷得暈頭轉向的成功商人巴林就飛奔而來，聽她使喚。強尼一語雙關地談到女人的口是心非，他說巴林的祕密武器必然是女人

在一九四六年的《蕩婦姬黛》片中，麗泰．海華絲邊唱《責怪媽咪》一曲，邊拉下長手套。導演馬穆利安（Mamoulian）認為海華絲充滿官能，如動物一般的優雅，是源自她早年身為舞者的訓練。

的說服力，因為「表面上它看起來是一回事，但就在你的眼前，它卻變成了另一回事。」

在只有巴林和強尼兩人時，他們兩人維持穩固、甚至可說親密的關係，然而姬黛一來，卻帶來一片混沌，出現的是無盡的驚奇。她的招牌歌《責怪媽咪》（*Put the Blame on Mame*），把有的天災如洪水或地震，都怪在媽咪影響了她周遭的能量場。大自然之子姬黛同樣也有毀天滅地的力量，她和其他美麗壞女人精心策畫的奸計不同，災禍是由她身上自然湧現。她想贏回強尼，這是一種情感上的追尋，她一點也不在乎會有什麼樣的後果。

姬黛很顯然處於男人逐漸找回自己地位的時期，因為到頭來，她懇求情郎再對她產生感情。電影最後很像現代版的莎翁名劇《馴悍記》（*Taming of the Shrew*），強尼要讓姬黛學到教訓，她卻反抗，直到他們倆各顯神通，勢均力敵之後，才能宣告休兵，承認對方才是為自己天造地設的對象。姬黛並沒有勝過巴林和強尼，但她也並不像其他黑色電影中的女主角，非得要玉石俱焚。她在還來得及之際，看清了自己的錯誤。電影最後，巴林死亡，強尼和姬黛則期待攜手共度未來。強尼無疑是可供姬黛倚靠的堅強肩膀，前題是：姬黛得安於傳統妻子的角色。

在電影中，麗泰．海華絲是美麗壞女人的具體象徵。傳統的美麗壞女人身材高佻，一雙美腿長得簡直不見盡頭。她很有女人味，但她的女人味並不是在她高衩的裙襬裡，而是在她自私自利的舉止，和如貓一般的優雅動作裡。觀眾可以由她如蛇一般扭動的步伐，和她撫觸周遭物品時緩慢而感官的動作裡體會。姬黛在空蕩蕩的俱樂部裡，輕輕對自己唱出《責怪媽咪》一曲時，有哪個男人會不想取代她膝上的吉他？任她纖長優美的手指頭前後撩撥那悸動的琴弦？

美麗壞女人往往如謎一般，她的動機和情感一片朦朧，她的過去是破碎夢想和破碎承諾組成的故事，她由長長的菸嘴深吸一口，籠罩在一團菸霧之中，她的臉蛋則蒙上輕紗，或是隱藏在寬邊帽下。她渾身上下，流露著一股漠不關心的氣氛，張嘴說話，則是低沈暗啞的聲音。她在暗影的房內游走，而當她一站出來，則是教人難以忍受的沈重背景。（姬黛本人是夜的女兒，帶著她的男人消失在暗夜之中。）觀眾的想像填補了半遮半掩的空間——讓人起一股不寒而慄的感覺。

這樣的魅惑女子一雙長腿和如鋼的意志，充滿了陽剛之氣，然而這股陽剛之氣卻又帶著男人所缺乏的官能。在她視線範圍之內的男人雖然有所回應，但卻並不明白為什麼會有這樣的回應，他既受吸引，又感到抗拒，這種矛盾的情感創造了緊張，而這也是黑色電影的重點所在。

美麗壞女人逮住一個願意冒險的男人，願意孤注一擲，博取最大的獎賞。如果他猶豫不決，她就會加把勁推動他。她一心一意，只想著自己的目標，毫不在意局限她欲望的日常世界。她大步踩過規矩端莊的界線，而他卻因為她的膽大妄為而感到興味盎然，她的勇敢既讓他興奮，也教他心寒。如果把美德的女神比喻為百合、吸血女鬼是過熟的紅玫瑰，那麼美麗壞女人就是捕蠅草，埋伏在樹蔭陰影之中，等著吞噬她精挑細選的獵物。而男人則是勇猛的探險者，想要一舉擄獲她。

魅惑女人時時變動，一如野心勃勃的吸血女鬼被活潑可愛的金髮女郎取而代之一般，性感熱辣的美麗壞女人也後繼有人，是另一種金髮女郎，然而她身段可比一九三〇年代的惹火金髮尤物柔軟得多。一九五〇年代的魅惑女郎循環迴轉，創造了曲線玲瓏有點傻氣的性感小貓。

9
性感小貓

健康的年輕女人，豐滿的臀部，正是男人夢寐以求的繁殖佳偶。
而且，除了取悅他們，她一切都不在乎。
只要男人需要，她隨時樂於侯教。
她不會干擾他們治國平天下的大事，她只想要受人照顧。
她對生命和經驗充滿熱情，即使對人生再疲憊厭倦的男人，都能因為她的緣故而重振活力，就像吃了心理上的威而鋼。

瑪麗蓮．夢露邀請觀眾和她一起作一場小小的綺想。她所飾的角色總是樂於讓有需要的男人占點便宜。

瑪麗蓮．夢露 *Marilyn Monroe*

一九六〇年代，二次大戰塵埃落定，男人很欣喜地發現女人乖乖地收拾起工具，把辦公室裡的公文檔案夾一一理好歸位，然後重新回到郊區的家庭裡。她們並沒有像美麗壞女人那樣走出婚姻或是惹事生非，不，一九五〇年代的婦女在家相夫教子，扮演賢妻良母，生養白白胖胖的子女，每天變出香噴噴的佳餚供全家果腹，男人在社會上的地位依舊十分安穩。

因此魅惑女郎的形象必須再一次調整，這些美麗的金髮靚女該再度登場，她們把男人整理得服服貼貼，並不要求太多回報。而就在此時，瑪麗蓮．夢露應運而生，施施然走來。一如金髮肉彈抵銷了女吸血鬼帶來的含意，性感小貓則是男人逃出美麗壞女人魔掌之後的大補丸，讓男人為之精神一振。

打從一開始，瑪麗蓮．夢露對自己的胴體就如珍．哈露一樣自負自信，在《七年之癢》（*The Seven-Year Itch*）片中，她兩條美腿叉開，站在紐約地鐵站出風口，享受火車經過氣流上衝，讓她裙子繞著玲瓏有致的美腿飛揚的快感。男人再一次獲得樂於展現自己的女郎饗宴，這女郎非但不吝於分享她的美色，而且似乎樂此不疲。對於自己對男人的吸引力，夢露圓睜天真的大眼，使她更惹人愛憐。一九四七年，初出茅廬的她在拍電影《斯庫達，呼！斯庫達，嗨！》（*Scudda Hoo! Scudda Hay!*）時，常會穿著蓬鬆的粉紅色運動T恤，現身片場的餐廳，裡面卻什麼也沒穿。把她引介給福斯公司的里昂（Ben Lyon）有一次告誡她該穿得莊重一點，他離去之後，夢露假意地說：「我想他不喜歡粉紅色。」

美麗壞女人滿心的機關和算計，而像夢露這樣的性感小貓卻沒有那麼複雜：只要看她、欣賞她就夠了。她並不需要去構思故事情節，就能在大銀幕上搔首弄姿，賣弄風情。只要她踏進室內，性魅力就隨之而來，在早期喜劇演員馬克斯兄弟有意重振雄風的《快樂愛情》（*Love Happy*）

一片中，最教人難忘的一刻是夢露扭腰擺臀走進私家偵探葛羅尼恩（葛魯楚·馬克斯飾）的辦公室，花容失色地說：「有人跟蹤我。」而馬克斯面對著她搖來晃去的美艷豐臀卻說：「我猜不出他有什麼意圖。」

男人一下子就受到夢露活力充沛、骨肉亭勻的年輕胴體所吸引。即使在現代，性的吸引力依舊是受到潛意識中轉移基因給下一代的渴望所左右，而夢露正是男人夢寐以求的繁殖佳偶——健康的年輕女人，豐滿的臀部。即使他們看到她時，壓根兒也沒想到生兒育女繁衍下一代的問題，但他們之所以對她垂涎欲滴，無疑是因為原始的演化動機。

夢露不只是天生尤物，而且也願意盡其所能地努力。她在塑造自己的演藝生涯時，曾鑽研過一位名叫莉莉（Lili St. Cyr）的脫衣舞孃的技巧。莉莉是一九五〇年代知名的脫衣舞孃，曾在表演中沒有露出多少肌膚，卻引人浮想連翩，遐思綿綿。夢露對莉莉在舞台上的演出心儀不已，也學她鼓起濕潤的唇，對攝影機微微張開櫻桃小口，暗示她的唇或許方才，或許很快，就會為男人提供歡樂和滿足。拜莉莉之賜，夢露也設計出招牌的煙燻、厚重，而睡意朦朧的眼神，彷彿在說：「我才剛和某人銷魂，下回可能就是和你。」她當然有空陪你。

另外，還有夢露的大胸脯。一九五〇年代的男人最著迷的莫過於女人的酥胸，戰時性感女郎如魚雷般的胸部激起了士兵戰無不克的鬥志，旅行包和轟炸機的鼻錐上隨處可見。等到男人打完了仗，魂牽夢縈的是回家把頭埋入女人溫柔豐厚胸脯的念頭，而夢露的酥胸無人能敵。

藏在夢露袖中的，還有最後一張性感王牌，她把深諳人世的性感結合了小女孩我見猶憐的純真和脆弱，她用小女孩童稚的溫言軟語，激發出每一位護花使者的憐惜心態。身為女人，她蘊含了性的魅力，而身為孩童，她又顯然會順著男人的心意，一心想取悅他們。美麗壞女人結合了女人的魅力和男人的侵略性；而夢露的性感小貓卻融合了另人興奮的女性經驗和童稚純真，成為教人欣喜悸動的組合。

在夢露早期的電影中，她的角色出場時間既短，她又毫無演技可言。但演技欠缺錘鍊一點也不礙事，她那撩人的風騷模樣，那扭腰擺臀的走路姿態，那微微嬌喘的小女孩嗓音，絕對使男人一聽全身就酥了一半。男人若是幻想懷抱美麗壞女人，必然會有許多輾轉難眠的夜晚；但對性感小貓抱著遐思的人，則沒有這樣的問題。夢露是任他們揉捏的女性饗宴，似乎很享受魚水之歡。如是而已。而最教人欣喜的是，她在電影愛上的男人並不是好萊塢常見高大英挺的帥哥。她有一顆難得的鑽石之心，樂於普度眾生，這樣的女人實在難能可貴。

一九五〇年代，電影必須和日漸普及的電視競爭，電影業者的優勢就是大銀幕上的演出在性的尺度上，比電視中的更寬，他們明白這點。因此影壇大亨就要夢露套進足以展露她每一吋玲瓏身段的晚禮服和泳衣。在此同時，她也被描繪成波大無腦的典型，因此絕不會當面給男人難堪。

性感炸彈珍．曼斯菲（Jane Mansfield）在崇拜大胸脯的時代應運而生，她42DD的本錢據稱保了一百萬美元的險。

上帝創造女人：碧姬．芭杜 *Brigitte Bardot*

一九五六年，荳蔻年華的碧姬．芭杜在《上帝創造女人》（*And God Created Woman*）一片中初試啼聲，顯示女人還沒有喪失野性難馴的一面，而男人——最好是年輕力壯的男人，則可以收服她。

碧姬．芭杜飾演年方十七桀傲不馴的孤兒茱莉葉，她的養母因為難以掌控她，決定把她送回孤兒院。從我們看到她裸露的雙腿由掛滿衣服的曬衣繩中伸出來開始，她就一直在賣弄自己的性魅力。在年長的遊艇主人卡拉定眼中，她是情婦的人選；在雄心勃勃的商人安東尼心裡，她是不折不扣的蕩婦；而在安東尼天真的弟弟麥可眼中，她則是未來的伴侶。

茱莉葉排除萬難，答應嫁給麥可，以免被送回孤兒院，然而後來卻因住在婆婆家，處處受限，深感束縛。她想取悅丈夫，但還未馴服的野性卻太強烈。她去拜訪對她垂涎欲滴的商人卡拉定，但卡拉定擔心若她成為他的情婦，他就會變成她的奴隸。另一方面，茱莉葉和安東尼在海濱發生爭執之後，兩人按捺不住當時的熱情，一時天雷勾動地火。然而這樣的私通只證實了安東尼對茱莉葉的看法，認為她太過淫蕩，根本不適合作任何人的妻子。

茱莉葉的不忠引發了兩兄弟之間的衝突，讓她陷入絕望的深淵，她逃到一間幽靜隱密酒吧的地下室，沈醉在拉丁加力騷（Calypso）樂團無止盡的重複樂音之中，卡拉定和安東尼都不願意投資她的未來，但麥可卻願意一試。電影到此結束，觀眾只能揣想他會成功——而他的努力也會獲得豐厚的報償——只要引導這位大自然的裸足之女走向正常的方向，她自然會是個好太太。

在《七年之癢》中，她的「欠學」正是她的魅力所在。她不識拉赫曼尼諾夫（Rachmaninov）的樂曲，但她知道這一定是古典音樂，因為沒有人隨曲歌唱。她在《紳士愛金髮女郎》（*Gentlemen Prefer Blondes*）中綜合她的人生哲學：「緊要關頭，我當然會聰明起來，但大部分男人不喜歡這樣。」男人對她說：「打扮得漂漂亮亮的，我們就會愛你。」她答：「沒問題，隨你們盡情看個飽。」

男人對夢露的魅力無法抗拒，因為她承諾：除了取悅他們之外，她一切都不在乎。這話的意思是，她享受顛鸞倒鳳之樂，而且只要男人需要，她隨時樂於候教。男人不必為了想要染指垂涎而難為情，因為她覺得這是完全自然的事。這是她生來的目的。她不會干擾他們治國平天下的大事，因為她既不了解，也不在乎。她只想要受人照顧。而在這一切之上，她對生命和經驗充滿了熱情，即使對人生再疲憊厭倦的人，都能因為她的緣故而重振活力，就像吃了心理上的威而鋼一樣。難怪男人大排長龍等著看她演的影片，也難怪她的海報圖片，依然貼在全球各地的餐廳和咖啡館牆上。

由美麗壞女人到性感小貓，這其間的擺盪顯示男人又安然度過另一輪魅惑女郎的考驗。美麗壞女人消失了，生氣蓬勃的金髮女郎則施施然走來，登堂入室，尋覓想要享受她胴體的男人。陰謀、奸計，隨欺騙而來的無盡折磨轉瞬間煙消雲散，就如男人期待那緊身的嫩粉色毛衣，只要拉對線頭，也馬上會拆解無蹤一般。到一九五〇年代，根據好萊塢地位如諸神製片人的版本，女人的腦袋裡只有找個金龜婿這樣的念頭，她們再度成為男人的性玩物。妾似朝陽又照君，天下再度太平。

1943年霍華．休斯（Howard Hughes）執導的西部片《英雄本色》（*The Outlaw*）中，真正的主角是珍．羅素（Jane Russell）的大胸脯。霍華．休斯花了好幾星期的時間，設計一款能夠真正展現珍．羅素胸前旖旎風光的胸罩。一位馬里蘭州的法官下令禁映此片，因為珍．羅素的胸部懸在畫面上，「就像暴風雨籠罩著大地一般。」

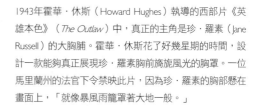

10

風流夫人和早熟少女

避孕丸發明之後，男人趁這個時機戲弄魅惑女郎的形象，把她想成年輕妹妹，又把她當成風流婦人，看看哪一種化身比較怡人。

不過毋須多久，女性在未來歲月中得寸進尺的收穫，又讓男人血壓上升，而魅惑女郎也變得更貪得無饜。

在納波科夫（Vladimir Nabokov）小說《羅莉塔》（*Lolita*）一開始，這女孩正在欣賞良辰美景。身心俱疲的胡伯特渴望她的青春活力，並且說服自己，以為她的動物本性正在呼喚他。

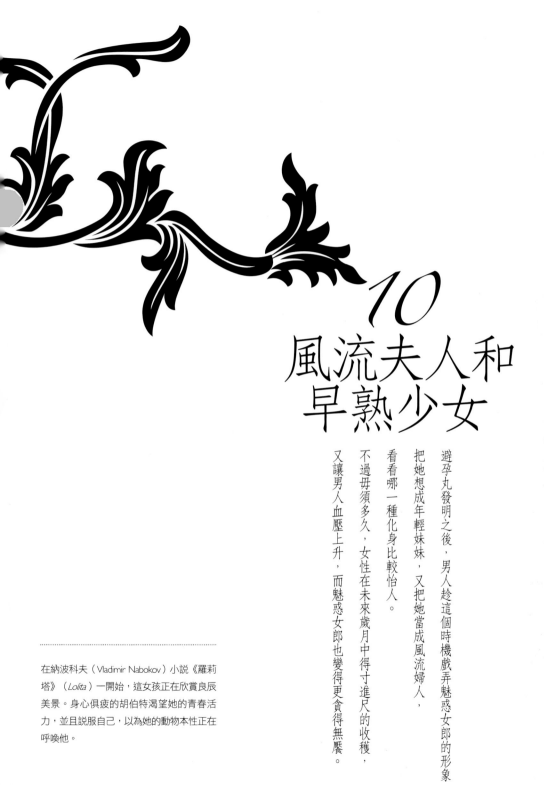

羅賓遜太太 *Mrs. Robinson*

在兩性戰爭中，一九六〇年代是鬥爭較緩和的間歇期，由於避孕藥的發明，因此人人都能夠享受性的歡愉。這段時期正可戲弄魅惑女郎的形象，看她究竟能容納多少不同的面相。這十年的重心在於青春與成熟的對照，因此這段期間兩大象徵的魅惑女性都在探索代溝的問題，也就不足為奇。在大銀幕上，教人難忘的風流夫人是誘惑天真無邪大學畢業生的羅賓遜太太（Mrs. Robinson），而在納波科夫的小說《羅莉塔》中，還不到黛綠年華的魅惑女童則在中年文學教授身上發揮意想不到的魔力，這位教授的綺想從未擺脫他孩提時代的初戀。

雖然女長男幼的情況時有所見，但畢竟這樣的配對是例外，而非常見的標準情況。奉達爾文理論為圭臬的學者解釋說，女人希望能找到強壯有力，資源豐富的男人為伴，因為這樣的保護者能讓她的子女有更高的生存機會；而男人要掌握權力，獲得財富，都需要時間，因此女人往往會選擇年紀比她們長的男人為另一半。而另一方面，男人要的是健康與活力，擁有這種條件的女性才能夠順利懷孕、生產，增加他傳遞基因的機會；而這些特性往往出現在年輕女性的身上，因此男人常常選擇年紀比他們輕的女人為伴。

在理論上，女人會選擇年紀較輕的男子為伴，是因為她們本身已經有足夠的資源，不在乎男人能不能提供這些物品。而在這微妙的兩性角色互換關係中，另一個女長男幼的因素則是因為女方想要追求男人的健康和活力——不是為了繁衍後代，而是要重新體驗轉瞬即逝的感官之樂。年長的女性想要享受意料之外性歡愉的刺激，而她也喜歡掌控一切的角色。幸運的是，受年長女人魅惑的年輕男子正希望她這個模樣。

在一九六七年經典名片《畢業生》（*The Graduate*）裡，羅賓遜太太從一開始就是侵略者，在朋友為兒子班（Ben）所辦的畢業慶祝會上，她跟著班進了他的臥室，在這個純潔無瑕的大學運動員面前，點起挑逗的香菸，要他送她回家。班雖然害羞，但他的體魄潛力無窮，而且個性又溫順，很容易駕馭。他告訴她，她可以用他的車自行開車回家，她卻表示對手排檔的性能一無所知。

兩人抵達她家之後，誘惑繼續進行。他要不要進來坐坐？不要？但她害怕獨處，而且禮貌上，他也應該進來喝一杯睡前酒。冰塊倒進班的玻璃酒杯，響起玎璫聲響，警告他羅賓遜太太可不是輕易就會退縮的女人。班努力堅持，但接下來還是驚慌失措，羅賓遜太太冷眼旁觀，看他節節敗退，一敗塗地。最後他鼓起餘勇，彷彿終於找出一道最困難數學習題的解答，他宣告：「羅賓遜太太，妳想勾引我。」不過羅賓遜太太卻指天誓日說，這點子雖然頗有意思，但老天有眼，她可是一絲一毫都沒有想到。

既然班這麼無禮地誣指了她，當然該作點補償，因此他不得不乖乖聽她的話上樓，欣賞她女兒伊蓮的畫像。在羅賓遜太太脫卸珠寶首飾之際，班則努力專心，假作她並沒有在引誘他，但最後她要他協助脫衣，他卻沒膽碰她的拉鍊，他想逃到樓下，但羅賓遜太太一口咬定他連這麼個舉手之勞都不肯幫忙。班的神經緊繃，只差沒奪門而逃，沒想到羅賓遜太太竟然把門上了鎖……接下來的一切，都不該責怪班，他是被迫違背他的意志——呃，被動地違背他的意志，或者該這麼說：他可從來沒要她脫衣服。

一般人總覺得男人應該主動，不過班對於自己跳過了這個傷腦筋的步驟，似乎既困惑，卻又慶幸，這樣比較好，好得多。她光溜溜的，而他全副武裝。她成了任他欣賞的物體，他轉開視線，卻又情不自禁偷眼欣賞。年齡可作他媽媽的女人不該有如此的舉止，更不該還有如此曼妙的身材。羅賓遜太太心知班絕不可能忘懷她光裸乳房的景象，她已經種下了種籽，接下來只需要耐心等待。

我們接下來看到班穿著潛水裝，在父母和朋友眼前準備躍入家裡的游泳池。由水裡望去，他熟悉的世界似乎遙遠又模糊，他努力適應那陌生的一切，而一旦習慣了，他也發現他很喜歡這副過濾新世界的新鏡片。幾天後，他用抖得難以控制的手，撥電話給羅賓遜太太，兩人約在塔夫特旅館見面。

在旅館裡，班的表現已經明顯有進步，既喝酒又吸菸，但羅賓遜太太想要喝杯飲料時，他的氣勢還不足以引起服務生的注意，因此她示範給他看該怎麼做。對於他笨拙的舉止，她覺得很有趣，他邀她上樓去他房間，卻忘了給她房間號碼，而且還不自覺，使她忍俊不禁。她就像個溺愛的母親，看著他學步；像縱容的老師，希望她的學生成功。

他們進房之後，就由她主導。他關上燈，她卻又把燈打開；他手足無措，她則幫他出點子；他偷跑犯規，她則把一切導回正軌。他不用擔心自己笨拙的摸索，因為這正是教她興味盎然之處。他擔心自己能力不足，沒想到這非但不會使她知難而退，反倒成了催情的春藥。她已經有了成功的另一半，婚姻生活已經扼殺了她對生命的熱忱，如今班的年輕與天真讓她得以重獲她所喪失的——即使只是春夢一場。而他則因為自己能滿足她，而興奮雀躍。

羅賓遜太太在臥室裡受到笨拙男人的吸引，讓許多男人都不由得暗自慶幸。在期待男人天賦異稟，能像種馬一般衝鋒陷陣的世界裡，能夠清楚發號施令，告訴男人該怎麼做才對的女人，教男人大大地鬆了口氣，不用再揣摩猜測，不用再怕責備怪罪。班疑惑自己能不能堅持到底，羅賓遜太太對他的擔憂嗤之以鼻，作勢欲離開，班情急之下，終於激發了他所欠缺的腎上腺素，克服了挑戰。

雖然一九六〇年代自由解放，但社會上對於跨世代的性愛，依舊持騎牆態度。因此魅惑女郎就被描繪成自私自利，一心一意只顧到自己享受的

雖然班已經由大學畢業，但在羅賓遜太太眼中，卻還沒有足夠的知識，面對遼闊的世界，所以她一肩挑起彌補他教育不足的重任。

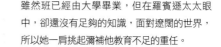

女人。羅賓遜太太為班所提供的歡愉不可能持久，他和這名風流婦人的關係，只不過是茶餘飯後的甜點，不可能偏離他的主要目標太久：尋覓忠實、親愛，而較年輕的長久伴侶。

電影最後，班最渴望的並不是性感而世故的羅賓遜太太，而是她貞潔的女兒伊蓮。正如希臘的水手在賽倫女妖停止歌聲之後，看見她們的廬山真面目一樣；班違抗羅賓遜太太不許與伊蓮約會的禁令之後，也看到她醜陋的一面。在她誘人的外表下，原來是個結合了鳥身女妖哈皮（Harpy）的爪和蛇髮女妖頭髮的醜老太婆，班必須及時逃離她的魔掌。

要是在比較壓抑的年代，羅賓遜太太恐怕早已經摧毀了班，不過一九六〇年代是輕鬆、冷靜的年代，羅賓遜太太的威力在青春和真愛面前溶化了，善良貞潔的年輕女性壓倒了狡猾的魅惑女性，伊蓮甚至願意原諒和她母親上床的班。自班由經驗豐富的女人接受了性的啟蒙，就渴望對毫無經驗的女性恢復他主宰的地位。他是真的可以魚與熊掌兼得。

不過這裡有個暗示，意味著當時的觀眾可能準備要接納真正的改變。在最後一幕，班和伊蓮並沒有坐在一起，而是分開，班似乎並沒有在想他們倆共同的未來，而是在想他剛消失的過去。觀眾不由得疑惑，班是否作了正確的選擇？伊蓮真的是比較好的抉擇嗎？還是他該反抗傳統，作出難以想像的決定：說不定羅賓遜太太才是最適合他的伴侶。

羅莉塔 *Lolita*

班可以有選擇的機會，但在《羅莉塔》小說中，跟蹤名喚羅莉塔少女的胡伯特可就沒那麼幸運。他同樣實現了他的綺想，但在他隧道的最後，卻沒有出口，這是因為他選擇的領域比班所選擇的危險得多：他對兒童產生了情欲。

羅賓遜太太小心翼翼地經營誘惑班的每一步，而羅莉塔卻只用她的存在誘惑胡伯特。他因為過去的經驗和個人的偏好，而對她情有獨鍾。他在女房東的花園裡，一眼看到這名十二歲女童的那一刻，就知道自己一定要擁有她，即使他必須先壓抑自己的厭惡，迎娶女房東，才能得遂心願，也在所不惜。

起先羅莉塔對胡伯特的計謀一無所知，但她對胡伯特的吸引力卻依舊無遠弗屆，她的一切對他而言，都是賽倫女妖的呼喚：「為什麼她走路的丰姿……讓我如此異常的興奮？」他自問：「她的內八字，隨著每一步落下，膝蓋下方散漫的左右搖擺。」這樣的特點並不會吸引任何男人，除非是迷戀性知覺開始發展前漫不經心青春少女的人。甚至她粗俗的髒話、「俚俗的言語」（Slange speech），即使和胡伯特歐洲的品味格格不入，依舊讓他興奮不已。他是完完全全透過他私人的觀景窗來看她，自然覺得她難以抗拒。

羅莉塔接受有人喜歡她的事實，雖然她並不清楚了解究竟這人渴望她的哪一點。逐漸地，她發現自己無時無刻不在他的視線之內，也學會了玩弄他的熱情。她花了比班長得多的時間，才了解該如何躲避它，而等她逃開之時，她的童年也已經被胡伯特對她的欲望，和她對自由的渴求，消耗殆盡。

胡伯特看到羅莉塔第一眼，就想到他的初戀情人安娜貝爾，她雖已消失無蹤，卻一直縈繞在他的記憶裡。胡伯特由於過往的經驗，使羅莉塔一出現在他的生命之中，就在他心湖裡掀起漣漪。她是魅惑者——但原因卻是由他自己所造成。胡伯特在羅莉塔身上種下誘惑的種籽。他告訴讀者，她是魅惑人的小妖精，是唯有他獨具慧眼才能看出來的誘惑女童：「你得既是藝術家又是瘋子，才能藉難以形容的跡象，一眼看出顴骨略顯貓科的輪廓，長了細毛的細瘦四肢，和其他因絕望和羞慚和柔情之淚，而讓我無法細數的指標——在生氣蓬勃的兒童體內的致命小魔鬼。」但同一時刻，他又承認她的天真無邪：「她站在那裡，沒有人認

出她，而她也並不自覺自己的魔力。」他也坦承他的罪惡：「喔，你該畏縮、躲藏！」

胡伯特娶了羅莉塔的母親，以便伺機接近她。當她母親意外喪生之後，他安排了一趟和女兒一起出遊的旅程，剛開始時，旅程一如他所期待。但在他處心積慮構思如何讓兩人同住一間單人房，如何接近她，該不該給她吃鎮靜劑，以便趁她熟睡時強暴她之後，他渾然不覺採取主動，施展性魅力的竟是她。他們倆成了情侶。

兩人暫時棲身在一座大學城中，以父女的身分安頓下來，胡伯特在大學任教，而羅莉塔則上了女子中學。羅莉塔如今知覺了自己支配胡伯特的力量，因此開始要求以金錢酬報性行為。胡伯特發現他色欲的對象竟然

在庫柏力克（Stanley Kubrick）1962年拍的電影中，胡伯特把羅莉塔（蘇・麗文 Sue Lyon飾）看成是他初戀安娜貝爾的再生。他一眼看到女房東的女兒，就迷戀得不可自拔。「我心底湧起一股藍色的波浪……自那時起所度過的二十五年，越變越小，最後終於化為悸動的一點，而後消失。」

有自己獨立的意志，因此覺得自己的世界已經開始分崩離析。另外也有跡象顯示，胡伯特在羅莉塔心靈上造成的傷口越來越大，讓更多野心勃勃的性掠奪者有機可乘，不讓他如願獨享。

在羅莉塔對這段關係感到不耐之際，胡伯特帶著她再度開車踏上旅途，希望逃開那不可避免的結局，羅莉塔倒是出人意料的十分順從。雖然胡伯特明知帶著心愛的人橫跨美國的瘋狂之舉撐不了多久，但他已經無法自拔。他告訴自己，她有「某個不朽精靈假扮成女童的身體」，因此他身上每一個細胞的渴望都必須由她那裡尋求解放。這樣的故事或許在潘朵拉的時代還有人會相信，但生活在現代社會中的胡伯特心知，雖然他把羅莉塔當作沒有時間限制也沒有心靈的精靈，但吸引他朝她而去的墮落，其實是暗藏在他自己的靈魂深處。她逃向比胡伯特更加冷酷的戀童者奎爾帝（Quilty），其實是他打下的基礎。

即使羅莉塔躲進淫猥的奎爾帝懷抱，接著又投入另一個雖貧窮但誠實丈夫的懷裡，她依舊掌控胡伯特的想像力，他永遠擺脫不了對這性感少女的迷戀。只要她召喚，他就會來到她面前，提供她所需要的協助，不要求任何回報。但他已經剝奪了她如此之多，因此胡伯特射殺了奎爾帝，入獄服刑，對這位不由自主的魅惑者而言，只不過是獲得了一些補償。然而她的童年時光一去不復返，永遠不可能再重度。而對胡伯特而言，羅莉塔的現實就像醜陋的墨水污跡，落在他對失落的安娜貝爾綺想上。他渴望追回年輕時的愛，最後卻發現最好的，留在夢想的世界裡。

一九六〇年代在夾縫中到來，就在避孕丸發明之後，婦女運動風起雲湧之前，有志性實驗者，這是前所未有的機會，社會大眾也還未知覺到女性已經作好掌握權力的準備。男人趁這個時機戲弄魅惑女郎的形象，把她想成年輕妹妹，又當成風流婦人，看看哪一種化身比較怡人，並且試探社會可以接受的性綺想究竟落在什麼範圍。不過毋須多久，女性在未來歲月中得寸進尺的收穫，又讓男人血壓上升，而魅惑女郎也變得更貪得無饜。

龐德女郎*James Bond's Women*

一九六〇年代誕生，持續至廿一世紀經久不衰，繼承綺想形象（當然有隨時代略作更新修正）的——是艷光照人、亮麗奪目，埋伏跟蹤大無畏英國情報員007的女間諜。這些年來，這位可愛的女郎借來了性感小貓的內衣，踩著如謎般美麗壞女人的高跟鞋，擺出一九六〇年代玩伴女郎的性自主姿態。世人早已忘懷吸血女鬼和兩次世界大戰，因此龐德女郎也不是油嘴滑舌、拿著Q所提供最新科技的英俊男間諜的對手。她誕生的時代在女性主義崛起之前，而她的本質也符合這時代的精神，她是個等待被征服的女人。

在一部又一部的電影中，龐德可以和他世界中最美麗的女人調情，心知他的進攻正中她們下懷，他的欲望必能獲得滿足，而他的滿足並不會使他對步步進逼危險的知覺遲鈍。即使面對最致命的女性敵人，依舊能搭上一些關聯——不是擦出情感的火花，就是共享肉體的極樂——這意味著她們內心的深處，依舊無法抗拒他的男性魅力。

這種魅惑女郎的綺想實在教男人無法自拔，因此龐德繼續周旋在諸多欲置他於死地的美女之中。隨著女性地位在社會上的進步，這些美麗的間諜也越來越聰明機智，越來越堅強有力，肌肉也越來越發達，然而龐德依舊能輕鬆地和她們上床，每一次都智取她們。在這裡，終於出現了一位現代的奧德修斯，在賽倫女妖唱出迷人的旋律蠱惑人心之時，毋須把他綁在船桅上，也毋須為他的耳朵上蠟，或是縛綑他的雙手。他充滿信心地航向危險的海域，經驗天賜的福祉，然後毫髮無傷地逃出困境。

11 終極悍婦

這是自古以來男人可怕的噩夢：
和危險的美女翻雲覆雨，卻是自我毀滅的最後一舉。
這也是十九世紀「精液理論」的美麗說明，
主張男人的精液有限，耗損會使男人脆弱，
每一次的射精都使男人更接近死亡。

莎朗・史東（Sharon Stone）在《第六感追緝令》（*Basic Instinct*）中扮演冰山美人凱瑟琳・崔梅爾，她點燃香菸，藉著在不該抽菸之處抽菸，和不整的衣衫，顯示她的自大與不羈。

在一九六〇年代嬉皮世代花朵力量（flower power，美國嬉皮以花為象徵）和自由亂愛之後，女性主義者同心協力，提升女性的地位。到一九六三年，美國聯邦法律規定在聯邦政府工作的男女同工就得同酬；一九六四年，民權法更禁止職場上的性別歧視；一九七四年，美國選出第一位女性州長；一九八一年，任命了第一位女性高等法院法官；一九九二年參選並且被選上的女性政治人物數量遠高於美國史上的紀錄。而放眼全球，聯合國宣布一九七五至八五年為「婦女十年」（Decade for Women）。十年後的一九九五年，聯合國在中國大陸北京舉行了人權會議，以婦女問題為焦點。隨著廿世紀消逝，邁進廿一世紀，女性也開始衝破隱形的玻璃天花板，在教育程度上也足以和男性並駕齊驅，甚至超越男性。

而就在女性進步的背景中，男性焦慮不安的情況偶爾也會爆發。恐懼達到巔峰時，常會以超保守或宗教運動的形式出現，呼籲婦女回歸傳統的崗位——回到家庭相夫教子。比如基督教守約者（The Promise Keepers）就是只容許男性參加的宗教運動，始自一九九〇年，勸告男性要重新掌握一家之主的家長地位。這些運動所代表的冰山頂端也反映在一九七〇年代至廿世紀末的電影中，這些電影描繪出教人不寒而慄的新魅惑者，終極悍婦：聰明過人、教育良好，而且成功的女人——只是道德和性兩方面都超出男性掌控，無法駕馭。

莎朗·史東 *Sharon Stone*

在電影《第六感追緝令》中，莎朗·史東扮演冷酷無情的魅惑女郎凱瑟琳·崔梅爾，電影在性高潮中揭開序幕，正常被害者處在最脆弱的時刻，就被使他達到高潮的裸女以冰錐刺死。這女子當然是居於上位。這是自古以來男人可怕的噩夢：和危險的美女翻雲覆雨，卻是自我毀滅的最後一舉。此景也是十九世紀精液理論（theory of seminal fluids）的美麗說明，主張男人的精液有限，耗損會使男人脆弱。正常謀殺案受害者的精液勃發之際，他的血液也噴了出來，果然像十九世紀維多利亞時期的人所揣度的，每一次的射精都使男人更接近死亡。

一如一九四〇年代黑色電影一樣，《第六感追緝令》的男主角也是誓言要維護法律和正義的人，麥克·道格拉斯（Michael Douglas）飾演負責調查冰錐謀殺案的舊金山警探尼克·柯倫。在《雙重保險》中，奈夫是雖然表現傑出、但升不上去的保險業務員；而在《第六感追緝令》中，尼克的問題比較明顯，他曾酗酒嗑藥，而且多次辦案疏失而惹上麻煩。凱瑟琳發現他曾在辦案時意外射殺幾名無辜遊客，而警局很可能為他遮掩，另外，在他工作的部門中，也有相當強的緊張關係，使凱瑟琳得以用傳統魅惑女郎的方式，在秩序井然的男性世界中，利用尼克的弱點和警局內部的緊張關係，得遂她自己的目的。

在《第六感追緝令》中，凱瑟琳的美貌是顛覆男人世界一連串事件的開始。凱瑟琳是高挑、冷艷的金髮美女，她非常清楚她的外表對男人有什麼樣的魅力——而且也因此而得意。她刻意在辦凶案的員警面前展現自己的性魅力，而且不諱言她很享受和死者的枕席之歡。尼克兩度由暗影中看到她赤身露體，全裸站在她家的平板玻璃前。在電影開頭不久後傳誦一時的經典鏡頭中，她故意慢吞吞地叉開雙腿再交疊雙腿，讓執法的警員大吃一驚地發現在她又短又緊的裙子裡，根本沒有穿內褲，她看著他們一副狼狽相，不由得忍俊不禁。

凱瑟琳表達地很清楚，在她而言，性不過是肉體的滿足，而非情感的昇華，這樣的態度和男人所了解的大相逕庭。她的態度像男人對性的看法，而不是多愁善感的女性感受。凱瑟琳的性魅力是純女性化，但她對性行為本身的看法卻又極端男性。尼克想要調解這兩個使他興奮的極端，但卻產生了衝突和緊張。

凱瑟琳就像美麗壞女人一樣，激發了尼克的性欲和競爭的本能，她在他面前炫耀自己的胴體，讓他垂涎欲滴，在他對她魂牽夢縈之際，又挑逗他接受她。他吞了她的餌。在他看來，他要做的是，把為自己歡愉而戲弄他的女人變為傳統男女夥伴關係的一方，他相信自己辦得到，然而他不知道，他的信心不過是她大計畫中的一部分而已。

凱瑟琳知道一定要讓尼克自以為是她的情人。在訊問室，她刻意關注他，讓他知道和她做愛有許多方法，讓他心猿意馬。她說：「我不設任何規則，全憑感覺行事。」

尼克吞了餌，問她是否喜歡男人用手，但凱瑟琳卻糾正他，她說，她喜歡凶案被害者用手。這話讓尼克明白，如果他和她上床，那麼他一定會是獨特的對象，是唯一一個以他自己方式為她帶來歡愉的男人。凱瑟琳為了確定他是否真的吞了餌，要尼克和她一起想像某些特定的場景：「你有沒有服食古柯鹼後性愛的經驗？」她問。在兩腿交疊那一幕讓他思索這個可能性之後，她提出了答案：「那很舒服。」

凱瑟琳要尼克知道，她是值得獵取的獵物。她讓這警探明白，隨時隨地，只要她想，就可以與人同床共枕。警探問她凶案發生當晚她是否和人共度春宵，她回答她獨自一人——因為當晚她沒有興致。這女人顯然很有主見。她可隨心所欲找到性伴侶的事實，足以和尼克及其搭檔葛斯乏善可陳的性生活互相對照，尼克只能借助自慰，而葛斯則只能去找些老嫗發洩。兩名警探都得處心積慮，才能找到約會的對象，不像凱瑟琳，不論男女都受她吸引，就像飛蛾撲火一樣。

這位廿世紀末的魅惑女郎聰明絕頂，也有相當的教育程度可茲證明。她以最高榮譽由柏克萊加大畢業，擁有兩個學位，一個是心理學，另一個是文學。她既有知識也有欲望，不只要玩弄男人的肉體，也要探索他們

緊身的迷你洋裝和親密的肢體接觸，是搧起熱情的絕佳方式。此時此刻，男主角滿心都是他指尖下一吋摩擦的位置，遠超過他畢生所觸摸的一切。這是莎朗．史東和麥可．道格拉斯1992年在《第六感追緝令》的火熱演出。

的心靈。尼克先認定凱瑟琳犯下殺人罪，但和她巫山雲雨之後，他卻改變了主意。在他腳踏實地的夥伴葛斯眼中，他之所以會改變想法倒不難理解：「她那最高榮譽的咪咪搞昏了你的腦袋。」尼克卻認為葛斯錯了。

凱瑟琳認為自己根本不受男人為規範人生所訂的無聊規則所束縛，她徹頭徹尾不理睬這些規定（比如在警局的禁菸區訊問時，她毫不在乎地點起菸來）、閃避他們（比如她騙過測謊機）、或者運用她對他們的了解，推動事物朝她所想要的方向發展（比如她讓警探相信葛斯之死應歸咎於另一個女人）。

她掌握每一個關節，追尋刺激，把她的經驗擴張到極致，以提高自己的快感。她像瘋子一樣拚命開快車，領著尼克在加州蜿蜒的山路上瘋狂追逐，尼克差點和一輛卡車對面相撞，他的神經最後終於忍受不了，寧可放棄追逐她，也不要命喪輪下。然而他不知道這趟飛車之旅只是更密切刺激的暖身而已。尼克初次成為凱瑟琳的入幕之賓時，她把他綁在床架上，和死者被綁的方式一模一樣，這是一場勇氣的較量，他會不會讓她對他這樣做——即使他懷疑她是凶手？她清清楚楚知道他心理怎麼盤算，也知道他恐懼會使他的高潮更加刺激。的確如此。對神魂顛倒的尼克而言，這次歡愉的滋味是「世紀之最」。在他們顛鸞倒鳳之後，在沒有冰錐的壓力之下，尼克覺得自己克敵致勝。

在電影最後，凱瑟琳在葛斯被殺後現身尼克的公寓，要確定尼克並不懷疑是她犯下此案。她以絕望和渴求的精彩表演說服尼克站在她這邊，心知這正是他一直在等待的時刻。他相信她的脆弱和對他的需要，因此和她雲雨，讓她知道他可以紓解她的痛苦。

凱瑟琳問尼克他們該怎麼辦時，早已經打算好，只要他流露出一丁點知道她耍弄他的跡象，她就抽出冰錐，送他上西天。他的反應顯示他對她沒有絲毫的疑心，他相信自己已經觸及她生命的核心，也相信她會放棄對全世界的夙怨，心滿意足地成為他的良伴。只是鏡頭流連在隱藏於床底下的冰錐，身為觀眾的我們不敢像尼克這麼肯定。

在一九九〇年代的黑色電影《第六感追緝令》中，男人的缺點比類似的故事更多，女人則比以往更獨立，她不需要他提供金錢或權力，她自己就能自給自足。一九七〇和八〇年間兩性之間的戰爭讓男人極端不信任女性的終極目標，女人已經和男人並駕齊驅，不論在教育上（凱瑟琳以最高榮譽畢業）、在生涯上（凱瑟琳是成功的作家）、還是在社會地位上（凱瑟琳龐大的財富）。然而男人一直惴惴不安，覺得女人還貪求更多，她們究竟想要什麼？

凱瑟琳這個心理變態的角色，帶著她精心策畫的毀滅計畫，正是解開這個問題的答案。這名女子自認為比男人高明，看看她幹的好事。她可不以乖乖坐在家裡寫她的書為滿足，非得出門惹事生非才行，她是終極蕩婦。而她之所以得逞，是因為尼克在作抉擇，要挑選支持他的可靠女人，還是背叛他的危險角色之時，不由自主地選擇了危險的角色。兩名女子都美麗而性感，但只有一人有危險的氣息，而對於一個亟需證明自己能力的男人而言，降伏她代表了無盡的意義。

終極蕩婦挑中了她可以指使操縱的男人，她精準地預測他的反應，使他看起來彷彿是傀儡，任她耍弄。認清她真面目的葛斯警告尼克，如果他以為他倆可以幸福美滿地共度此生，必然是「頭殼壞去」，但尼克不聽。他對她興趣十足，非得追求她不可；又極端自負，認定她必然會愛上他。他是她注意力的完美標的。

這個九〇年代的警世故事反映出男人對地位逐步進逼的女人懷有的恐懼。由於這些女人貪心不足，因此不可信任。男人的優越地位已經大幅減縮，如今最重要的當務之急就是要確定兩邊絕不能真正相等。男人們提出警告：聰明、成功、又美麗的女人是癡人說夢，自認為看穿她陰謀伎倆的男人急切地在隔音玻璃之後拚命打手勢，希望在玻璃對面的男人能及時收到他們的訊息，以免一切都太遲了。

致命的吸引力

廿世紀後半期，正當女性主義者在攻城掠地，侵入男性特權的領域之際，鐘擺就在男人的焦慮和安心之間擺盪。三部電影描繪了女性精神變態者的進展，這樣的型態出現後，又隨著男性逐漸適應女性一再進逼，而逐漸消失。

在《迷霧追魂》（*Play Misty for Me*，1971）和《致命的吸引力》（*Fatal Attractions*，1987），在女人看來正常無比的外表之下，卻是瘋狂的悍婦。克林．伊斯威特（Clint Eastwood）在《迷霧追魂》中飾演深夜電台節目主持人，偶然和崇拜他的美女聽眾有了一夜情。然而當他想結束這段關係時，對方卻糾纏不休，甚至不惜殺人。而《致命的吸引力》中，麥克．道格拉斯也和葛倫．克羅絲（Glenn Close）一晌貪歡，以為乾淨俐落，渾然不知自己已經落入蜘蛛的陷阱。葛倫．克羅絲為獨享自己所要的男人，手段殘暴，冷酷無情。在兩部片中，男主角都靠著忠貞不二的親愛伴侶支持，終於戰勝邪惡的魅惑者。這些電影的寓意是，有些女人可能會破壞規則，但靠著依舊真心至情的人，男人還沒有被打敗——至少暫時如此。

到《最後的誘惑》（*The Last Seduction*，1994）情況有了一點不祥的轉變，因為男人已經看出，在現實世界中，男女兩性權利的差異已經迅速消失。在這部電影中，女人想要的不是男人，而是透過他，通往權力的康莊大道。在這裡，男人死無葬身之地，致命的女人太邪惡、太工心計、太殘酷，無從阻止。琳達．佛倫提諾（Linda Fiorentino）所飾的角色就像凱瑟琳一樣，對廿世紀末期的男性是一種警告。一旦女人有了足夠的力量，能夠不需要男人而獨立自主，她們就能引誘男人，予取予求，等到利用價值一過，就把他們棄若敝屣。

12 女人至上

瑪丹娜主要的訊息就是權力、控制，和肌肉。
她的性是精力充沛、直搗黃龍的性，提醒女人的性力量，
鼓勵她們以最合適自己的方式接納它。
她敞開大門，迎向明顯而彈性的女性性魅力，
這股魅力正能配合女性在人生其他領域所作的各種進步。

梅．蕙絲（Mae West）深信凹凸有致的玲瓏身段對男人的想像力有莫大的影響。她的禮服緊繃在身上，展現她豐滿的胸部，凸顯她誇張的臀部曲線。她在這幀照片中扮演的是現身水沫之中的女妖賽倫。

梅・蕙絲 *Mae West*

傳統上都是男人講述魅惑妖姬的故事，這些故事反應出他們的綺想和恐懼。在他們的想像中，有些女人有毀滅他們的能力，有些則在他們掌控之中，還有一些是他們夢寐以求，卻無緣一識的佳人。然而女人逐漸也有了自己的聲音，找到回敬男人的方法，這種主控大局的女人中，有許多都是藝人，她們運用舞台來展現她們主演的誘惑綺想。以這種方式擁護女性自由的一位先鋒是梅・蕙絲（1893-1980），在怒吼的廿年代，荳蔻年華的她在全美各地的舞台上高視闊步，巡迴表演，到了一九三〇年代，她則以女人至上的戲碼槓上好萊塢的電檢官員。

趾高氣昂永不服輸的梅・蕙絲年方十三，就展開了舞台生涯。接下來的二十五年，她參與滑稽劇和歌舞劇的演出，直到一九三二年夏天，以藝人標準而言超高的三十八之齡攻進好萊塢。等她成為熠熠明星之際，她已經雕琢出美艷女郎的完美形象，那就是緊身的長禮服、誇張的珠寶，和撩撥異國風情的羽毛。一名劇評家觀賞過她演出《性》（*Sex*）一劇之後評論說：「由她身上散發出水晶石的璀燦光芒，和多瓶香水繚繞不散的香氣。」她一到好萊塢，就告訴服裝師：「小姐們，我要衣服緊繃貼身。」由十來歲的青春歲月，到耄耋之齡，她最擅長的角色就是歌誦該縱情享受性歡愉的女人，尤其是握有掌控權的女人。

在梅・蕙絲赴好萊塢之前，是因撰寫並主演《性》一劇而聲名遠播，不過她也因一名警官作證說，在她演出此劇時，他「看到她胸腹部位有東西由東向西滾過」，而被冠以「猥褻」之罪，坐了十天牢。梅・蕙絲並不因此屈服，她告訴記者，在自己坐牢的九天（因行為良好而豁免一天）裡，非但度過渴望的假期，而且也有機會收集第一手資料，作為未來描寫悲慘人生新劇的題材。她的角色千篇一律都是不顧眼前道德標準，讓男人占很多便宜，但卻又對端莊和公平正義自有一套信念的女人。在她的世界裡，男人總是心甘情願地拜倒在她石榴裙下。

梅・蕙絲對自己的外表總是信心十足。她最初登台表演的節目是一支舞蹈，她用扇子巧妙地遮掩住裸露的部位。後來她挑中原本在俱樂部表演時所用的無袖露肩禮服為演出服。一九一七年，她到皇家劇院演出，結果在台上抖動得太厲害有勁，連亮片都由禮服上被抖了下來。不過梅・蕙絲並不需要用性愛動作來顯露性感，因為次年她在百老匯的舒伯特劇院表演，光是在舞台上走一圈，就奪走了所有人的光采。

梅・蕙絲也不需要露骨的言語挑逗觀眾。她因《性》一劇而受審時，檢察官根本找不到一句淫猥的言詞，只能說：「她的個性、表情、走路的姿態、表演的形式，和手勢，讓台詞和情況看起來很有暗示性。」紐約《電訊晚報》（*Evening Telegram*）的霍爾（Leonard Hall）看了她在《鑽石李爾》（*Diamond Lil*）劇中的表演後，拍案叫絕，他寫道，光是梅・蕙絲一出場，男人就覺得「像熾熱的爐火接近了顫巍巍的維也納香腸」。等她到好萊塢時，已經把手撐在臀部、酥軟無力的嬌慵姿態磨鍊到爐火純青的地步，恰巧和她唸台詞的沙啞聲音互相襯托。

梅・蕙絲常說，她的技巧來自於韻律、時機，和音調變化，尤其一九三〇年代初期，她和好萊塢電檢官員硬碰硬時，官員刪去了她最露骨的台詞，使她得依賴言外之意挑逗觀眾。她把暫停的藝術發揮得淋漓盡致，在觀眾心裡醞釀期待，而等她真正說出他們期待的言詞時，卻又蘊含豐富的性意味。老牌演員安東尼・昆（Anthony Quinn）在自傳《原罪》（*The Original Sin*）中說，他在一九四〇年為她舞台劇中的角色去試鏡時，她問他：「你在做什麼？」這幾個字聽在安東尼・昆耳裡，竟然至少有「四層不同的」意思。梅・蕙絲用最天真無邪的言語發出勾魂性邀請的功力，無人能及，《綜藝》雜誌說她「就連唱搖籃曲也性魅力十足」。到她生涯尾聲之際，大家依然說她即使「請你喝茶吃點心」，也不免教人疑惑是否有弦外之音。

梅・蕙絲一九三二年抵達好萊塢之際，引爆影城，處處都是她教人屏息的倩影。她把頭髮染成當時好萊塢最流行的金黃色，然後開始發揮她的魅力，一位評者描述她通常出場的情況：「就像教人驚心動魄的大爆炸，彷彿在奶油泡芙的工廠裡引燃炸彈……滿頭金髮、曲線豐滿，不由得人不注意的梅．蕙絲現身舞台——穿著如腸衣般緊繃的閃亮晚禮服，在銀幕上穿梭游走。」

梅．蕙絲極不喜歡標準好萊塢美女弱不禁風的身材，雖然安東尼．昆描述她前凸的乳溝教人「目眩神移」，但她最引以自豪的是她「後翹」的豐臀。她曾試過節食，讓體重降到一百零三磅（四十六公斤），但她對整體效果不滿意，很快又恢復了原先玲瓏的曲線。她身高還不到五呎（一百五十公分），因此偏愛高跟鞋，讓腿看起來更長一點；她也喜歡穿鑲滿寶石的低胸長禮服，可以凸顯她肉體的每一吋波動。有人說她的身材就像「披上簾幕的蛋杯」，但梅．蕙絲卻認為，這才是女人之奧妙所在。一九一九年，《綜藝》雜誌稱她的禮服「品味甚高」——這是頭一次有人用這樣的詞句來形容梅．蕙絲，也是最後一次。梅．蕙絲向來喜歡不按牌理出牌。

梅．蕙絲終實擁護性的樂趣，她曾公開宣稱：「我雖聲名狼藉，卻從不後悔。」她能坦然接受慫恿性行為的女人，而且她也相信：「除非男人由他所需要的女人那裡得到靈感，否則他根本不知道自己能做什麼。」至於她對異性的反應，她寫道：「我受某個男人吸引時，會像亞馬遜戰士一樣，四面出擊。」她尖刻地抱怨以男性為主的電影產業對她的諸多限制，和她開放的觀點格格不入。她抱怨道：「在電影中，他們不肯讓我坐在男人膝上，其實我早就坐過無數男人的膝頭了。」

梅．蕙絲終其一生都在寫作、執導和演出她自己的題材，她相信只有她才知道如何把梅．蕙絲的角色呈現在大眾眼前。這樣的想法和她阻擋有意分享鎂光燈光芒者的習慣，偶爾使她顯得很難合作。導演謝爾曼（Lowell Sherman）就曾向作品老是被改來改去的編劇布萊特（John Bright）道歉說：「抱歉，老兄，但我得應付舞台上那位潑婦娘娘。」

在銀幕上自訂規則的梅・蕙絲對同台表演的夥伴，也有極高的要求。她會一一檢視他們的體魄和舞台上的表現，考量他們能不能作為烘托她才華的布景。她也希望這些夥伴有相當程度的熱忱，她曾藉劇中角色提拉之口說：「重要的不是你生命中的男人，而是你男人中的生命。」據說梅・蕙絲的性欲如狼似虎，她也認為頻繁的性行為是延年益壽之本。她打扮成自由女神的模樣，為《浮華世界》（*Vanity Fair*）雜誌拍封面時，評者納森（Jean Nathan）說：「她比較像原慾女神。」不過對於公開欣賞自己身材外表的男人，梅・蕙絲倒能坦然接受。英國皇家空軍把他們所穿的救生衣稱為「梅・蕙絲」時，她非常自豪地說，這個綽號「是對我性魅力最實際的恭維」。

梅・蕙絲教人目眩神移——她喜歡熠熠發光，越亮越好。不論是服裝，還是言語，她都鑲上閃閃晶鑽，字字珠璣，既充滿誘惑，也教人驚嘆。

雖然梅．蕙絲的言行舉止教人側目，但務實的她承認，人生和藝術之間依舊有鴻溝，她在《偉大的凱瑟琳》（*Catherine Was Great*）一劇中擔綱演出時，曾說：「凱瑟琳是偉大的女皇，她有三百個情人。我在這幾小時中已經使出渾身解數。」在她一生中，總有無數的情人來來去去，即使到她黃昏之年，對性活動依舊興味盎然。一九六〇年代，她參加專為男性藝人辦的晚會時，曾說：「這是我最喜歡的觀眾，滿坑滿谷的男人。」

終梅．蕙絲的一生，不論舞台上下，她身邊總有一堆肌肉棒子似的猛男環繞，擁護她、讚賞她。大部分女人面對男人注視，總是害羞地躲避，而梅．蕙絲卻毫不遲疑大膽地回瞪。正如她在《我不是天使》（*I'm No Angel*）一劇中所飾的角色提拉，在面對一名雜技演員愛慕者時所說的：「我不會傷害他，我只想要摸摸他的肌肉罷了。」這個角色號稱是「唯一比切斯菲德牌香菸（Chesterfields）滿足更多男人的女孩」，不過後來好萊塢電檢人員認為不妥，把這句台詞給剪了。

梅．蕙絲在這個新媒體上發揮的時間，只有短短的兩年，隨後電檢人員就全面封殺了她，她電力十足表演所必備的弦外之音，和充滿影射暗示的寓意全都被剪掉。她的性道德雖受人質疑，然而她卻有一顆善良的心。最後就連積極進取的梅．蕙絲也受不了那假正派之名來襲的浪潮，要掃蕩厚臉皮的壞女孩，而這些邪惡，玩弄男人於股掌之上的女孩非常樂於分享她的魅力，並且一心在黑色電影中雨濕的街角算計男人，謀財害命。

女人不該像梅．蕙絲那般坦白承認她們對性的看法，但梅．蕙絲明白表示女人和男人一樣享受性行為，而且喜歡得到滿足，這樣的態度並沒有什麼不對。我們的社會把女人悶藏在家裡多年，而梅．蕙絲的解藥就是像男人一樣大膽登上舞台。在她的故事中，女主角絕不讓男人牽著鼻子走，而是要男人招之即來、揮之即去。她很重視自己的獨立性，唯有「迫不得已」，才會走入婚姻。拜倒在她石榴裙下的人，多如過江之卿，人人都渴望能在她身邊、在她懷裡、在她床上，享受共度春宵的特權。她對自己引人遐思的魅力深信不疑，曾藉著《儂本多情》（*She Done Him Wrong*）劇中女主角路小姐的話說：「只要我看上他們，他們就貼了標籤。」而且她絕不會降格以求，就像提拉對追求者說的：「任何與眾不同的事物都得要高價才能得到，不過這很值得。」當另一名追求者告訴提拉，說他畢生都不會忘記她時，她也自信滿滿地回答說：「沒有人忘得了。」

雖然梅．蕙絲主動積極地面對情郎，在傳統男性的書中占了一席之地，但她同樣也擅長傳統女性的誘惑角色——只是就像她所做的一切行為一樣，發揮到極致。和她合作數部電影的男星卡萊．葛倫（Cary Grant）曾坦承：「我從沒有和像梅．蕙絲這麼有女人味的女星合作過。」在一九三七年為梅．蕙絲而寫的廣播劇本中，作家歐伯勒（Arch Oboler）不只讓梅．蕙絲所飾的夏娃在伊甸園引誘亞當，而且還引誘了蛇。

梅．蕙絲認為，人不能奪人之美，有功者，就該獲得讚揚。她雖然頗喜歡普度眾生，布施性的恩惠，但她也指出，她之所以能無往不利，乃是拜男人心中無底的欲望深淵之賜。她很樂於順應自然，發揮天性。在《我不是天使》片中，有個角色對她說：「我不知道男人怎能不情不自禁愛上妳。」她的回答是：「不必管他們，他們自動就會愛上我。」她對自己的魅力有絕對的信心，深信任何男人若能和她共處，必然會感激涕零。在《儂本多情》中，她的司機提到她的香閨宛若天堂，她毫不遲疑地說：「因此你得爬梯子才能上來。」

梅．蕙絲在她所有的表演中，得到莫大的樂趣。她喜歡賣弄風情，再加上她覺得自己的魅力所向披靡，使得她成為導演謝爾曼所謂的「美國的濕夢」，然而這些特質卻也引發了不安和憤怒，最後使她成了眾人嘲諷的對象——她堅持以八十五高齡飾演保養得宜的賽倫女妖，許多男人覺得她大膽地教人難以忍受，而且她的手法又太粗糙。一九三〇年代，人們接受、甚至期待的是男追女，可不希望一切倒過來。

男人越來越難忍受梅．蕙絲搶他們地盤的方式，隨著一九四〇年代逼近，蛇蠍美女醞釀成形，人們開始質疑梅．蕙絲根本算不得女人。她充其量只是「歷來最偉大的女藝人」，若用最糟的方式來形容，那麼她是「軟綿綿、鬆垮垮、波波起伏的大號超級金髮女郎，用鼻孔說話，她吃力的步伐顯示她的腳痛……就算不論她對道德的禍害，對藝術也是一種威脅。」這名女郎以她自己的方式、為了她自己的樂趣、根據她自己的世界觀，來展現性的魔力，然而她卻逐漸被男人排擠出去，因為男人要奪回他們的特權，以他們覺得適合的方式，來描繪女人的性感。

瑪丹娜 *Madonna*

在兩次世大戰之間，西方社會有一陣子操弄堅強獨立女性的想法，梅．蕙絲因此應運而生，直到最後大家覺得她太超過，成了女人性獨立太積極的代表。好萊塢電檢人員為了解救男人，使他們不致再自我懷疑，混淆困惑，因此封殺了梅．蕙絲。梅．蕙絲的後輩傳人，身材高挑，冷酷無情的蛇蠍美人，又恢復到如獅身人面史芬克斯像那般不可捉摸，莫測高深，男人再一次能夠自創魅惑女郎，反應出他們的恐懼與欲望——毛骨悚然，卻又天真爛漫；單純無邪，卻又深諳世故。不論她們是有自知之明、抑或是想要由男人的地盤中分一杯羹，都必須由男人掌控。

在廿世紀後半葉，女人朝獨立的地位大步前進之際，另一種厚臉皮女人再度勇往直前，搶占舞台中心。一九八〇年代，瑪丹娜（Madonna Louise Ciccone）出現了，她是受嚴謹天主教嚴格教養美國移民家庭長大的孩子。梅．蕙絲接受了性女神的角色，而且執拗地堅守這個角色，即使年歲增長亦然，而瑪丹娜則在舞台上展現不斷變換的性角色。梅．蕙絲就是梅．蕙絲，一成不變，而到瑪丹娜的時代，女人可以選擇符合她目的和心情的任何角色。

在瑪丹娜的變裝角色中，傳統男性幻想的目標（女學生、女皇），或許

能刺激她，或許不能。那是她的選擇、她的地盤、她的享受。在一九七〇年代充滿藝術氣息的紐約地下社會中，面對著前所未有宛如自助餐般琳瑯滿目的各式選擇，她在一九八〇年代之初創造了屬於她自己的形象，心知任何時候，只要她有意，就能由眼前諸多戲劇性的可能中挑出一套戲服，從而扮演截然不同的角色。

瑪丹娜（Madonna）知道該如何運用過去魅惑女郎的回音，她巧扮廣受大眾歡迎的前輩形象。

《瑪丹娜——真實與挑戰》（*Madonna—Truth of Dare*），1991年。

在瑪丹娜生涯之初，她對傳統各種領域的融合特別有興趣。她混淆了性別、種族的獨特性，把中世紀的活力融入宗教和性之中。她是「物質女孩」、「男孩玩具」、黑社會老大的情婦、自慰的處女新娘。她披頭散髮，內衣外穿。她把自己打扮成娼妓、女神、男人。她說：「我不為一種生活方式背書，而是描述一種生活方式。」她從頭到尾都掌控了她所呈現的形象，組織安排巡迴演出，指示她的舞蹈要怎麼編舞。就像梅·蕙絲一樣，她也把男藝人貶抑為跑龍套的活動背景，只為了烘托她自己炫異爭奇的表演而存在。

對瑪丹娜而言，世界不過是一個龐大的性超市，她瀏覽過去歷史誘惑的貨架，拉出引她遐思的商品，然後自創出獨特的菜單。她主要的訊息就是權力、控制，和肌肉。她的性是精力充沛、直搗黃龍的性，提醒女人的性力量，鼓勵她們以最合適自己的方式接納它。她敞開大門，迎向明顯而彈性的女性性魅力，這股魅力正能配合女性在人生其他領域所作的各種進步。

珍·哈露被譽為「白金金髮女郎」，瑪麗蓮·夢露琢磨扭腰擺臀、輕移蓮步的工，和睜大雙眼天真無邪的凝視，這樣的形象都是男人營造的刻板印象。乘著廿世紀女性主義者攻城掠地的成就而起的瑪丹娜，強調了她這一代女性逐漸明瞭的事實：女人的性本質毋須改造，她們不需要接受一體適用的形象，她們可以自行篩選抉擇。女人不必非得在夏娃或聖母之間擇一；她們可以兩者得兼，或者依次或者同時扮演這兩者的角色。如今女人能夠依自己的需要和意願凸顯她們的特色，或者加深其間的暗影，女人如今配備了她們新得的自由，能夠在日常生活中為自己發聲，勾勒她們自己個人的綺想。

瑪丹娜也明白該如何採取過去的形象，賦予獨特的現代意義，能夠反應出她自己的個性和風格。

「金髮雄心世界巡迴演唱會」（Blonde Ambition Tour），1991年，日本。

鋼管舞孃：希拉．凱利 *Sheila Kelley*

在廿一世紀初始的此刻，兩性之間的平衡態勢大致穩定。這並不是說兩性之間的權力達到平衡，也並不是說男性未來就不會驚恐，只是正在此時此地，恰巧有一點空間可容我們實驗，可容我們喘一口氣。女性，尤其是年紀較長的女性，可以利用這相對之下較平靜的局面。女人性滿足的議題已經可以在白天的電視脫口秀上公開討論。傑米．李．寇蒂斯（Jamie Lee Curtis）二〇〇二年九月為《摩爾》（*More*）雜誌拍攝照片時，脫到只剩運動胸罩和緊身短褲，為的是展現她中年身材在燈光技師、化妝人員，和噴漆專家動手粉飾之前的真貌。二〇〇〇年元月《仕女家庭雜誌》（*Ladies' Home Journal*）刊登了一篇題為「為婚姻增添性福一〇一招」的文章，指點作老婆的如何在香閨中「添柴煽火」——以女人的角度。

對男人來說，一個好消息是，直言無諱的女人性欲望已經和梅．蕙絲和瑪丹娜等藝人所塑造的性權力形象結合，創造了新的魅惑女郎化身。這種新的性感尤物不再是社會邊緣投射在女性身上的幻想形象，也並非男人只曾耳聞、卻未識廬山面目的神話原型人物，而是由男性長久以來的親密伴侶所親自構思，就在他眼前的私密（或者未必如此私密）空間幻化成形，實際展現的結晶。

如今北美各地的社區活動中心處處可見肚皮舞孃的乳波臀浪，和隨著她散放的閨房之樂和香料情趣，因為許多兒女都已經進入青春期的中年婦女，在奉獻家庭多年之後，終於覺得該是探索自己身體，讓自己更有女人味的時候了。在廿一世紀之初的好萊塢，女星希拉．凱利（Sheila Kelley）創設的鋼管舞和脫衣艷舞初學舞蹈班，學員絡繹不絕。她的工作室就在她位於好萊塢的產業上，她先生在家裡幫寶寶換尿布時，就能聽到三、四十歲的熟齡女郎為了追求閨房誘惑藝術至善至美的口令和哨音。凱利之所以會對脫衣舞產生興趣，是她在二〇〇〇年拍攝《鋼管舞孃》（*Dancing at the Blue Iguana*）一片時因角色之需作了一番研究，她私下表演給先生看，大獲贊賞，使她起了開班授徒的念頭。她簡直無法相信：一開始只是為了取悅丈夫的點子，如今竟為她帶來了多大的滿足。

受古典舞蹈訓練的班特莉（Toni Bentley）著有《莎樂美的姊妹》（*Sisters of Salome*）一書，談論廿世紀初對莎樂美「七紗舞」的詮釋。班特莉對女性褪去衣衫之後權力和裸身之間具有爆發力的平衡大感興趣，在為她的著作收集資料時，她在紐約找了一家夜總會，決心親身實驗，體會在付錢欣賞的陌生人之前輕解羅衫的感受。於是她穿上緊身、精美的黑色天鵝絨晚禮服，搭配超高的高跟鞋。

伴著科恩（Leonard Cohen）低沈的嗓音所唱的《等待奇蹟》（*Waiting for the Miracle*），班特莉搖曳生姿舞動身軀，由赤裸的胴體剝下晚禮服，曲腰伸腿，兩手觸地。她全身上下一絲不掛，只剩大紅蔻丹和高跟鞋，於是她停頓了一會兒，由腳下那團黑色的衣物旁走開。她傲然挺立，朝後仰身，雙手高舉過頭。在她和觀眾之間寸縷不留，只剩他們屏氣凝神、專心一致，凝聚的精力。在那一霎那，她覺得自己大獲全勝，因為她知道，只要他們全心全意盯著她，那麼夜總會中所有的男人就全屬於她，而且專屬於她一人。透過她所謂充滿「高尚和淫蕩意圖」的表演，她覺得自己獲得了自在飛翔的自由。

在充滿性魅力表演之後所得到的權力感受，往往流連不去，可能埋伏在最難想見的地方，出其不意現身。在描繪單親家庭生活的漫畫《奇克威德巷九號》（*9 Chickweed Lane*）二〇〇二年九月十二日發表的那幀作品中，打扮端莊的媽媽悄悄透露祕密給青春期的女兒艾達：「我裡面穿了一件響尾蛇斑紋的緊身衣。」艾達走過正坐在沙發上的媽媽男友身旁，不經意地就說：「四角內褲先生，你慘了。」

女人可以隨心所欲的接受和扮演她們心目中的性角色，而不必由男人決定，這讓女性得以自由實驗，毋須擔心被扣上「放蕩」的帽子。就在達到某個年紀的女人除去了多少世代以來一直矗立在規矩和放蕩女孩之間的界限之際，魅惑女郎也長驅直入所有家庭的臥房。

在此同時，在高中的走廊上，成群結隊的年輕女孩也裸露了她們小可愛下方和緊繃在臀部上方之間的肌膚，她們的肚臍眼上掛著燦爛奪目的環、釘，和懸著淚珠心型墜飾的飾鍊。男人會怎麼想下一代？一位中年報紙專欄作家這些年好不容易適應了媒體上氾濫的乳峰臀浪之後，坦承他很憂心這些還不到妙齡的少女褲帶越降越低，落到他的荷爾蒙幾乎無法承受的危險地步。

這些女孩難道不知羞恥？還是她們被現代文化洗腦，以為除了把自己當性器官展現之外，別無選擇？抑或她們想要藉著展現這麼多的肌膚來讓周遭的男人難堪？這些年輕女孩是否不由自主地被流行文化物化？還是她們為顯示自主，因而自豪地展露原屬於她們的胴體？她們是下一波解放的家庭脫衣舞孃？抑或是下一波被男人主導的女人形象洗腦的對象？

魅惑者的未來仰賴的是兩性之間力量的平衡。如果女人積極爭取更多權利，那麼防衛過度的男性就會拒絕女人在魅惑者幻想中分一杯羹，邪惡的魅惑者會再度籠罩在男人的噩夢之中。但若男人能夠重新肯定自己，就會驅除女性對性的欲望，自行塑造能讓他們安心自在的綺想對象。另一方面，若男人能接受女人在兩性平等上的進步，那麼願意探索自己性欲的女人就能繼續提供她們自己對魅惑者的願景。在這樣的情況下，魅惑者就會既近在咫尺，又遠在天邊，把男女兩性的欲望兼容並蓄，讓這永遠撩撥人心的角色終於觸手可及。

小甜甜布蘭妮 *Britney Spears*

廿世紀末，布蘭妮是許多即將邁進女人階段的少女典範。在千禧年到來之際，她那少之又少的衣衫烘托的是青春女性的身軀：輕盈的雙乳、緊實的臀部、和平滑的腹部，在肚臍眼上，還鑲上一枚臍環為飾。她的胸部既不受支撐，也不受束縛；她平坦的小腹則是節食和運動的成果，而非由鯨骨或束腹強壓造成。即使在早已習慣女體橫流的世界中，小甜甜的低腰褲依舊適可而止，若隱若現的丁字褲暗示了她身上最引人遐思的祕密花園。在這個派對女孩的身上，看不出母性的暗示。沒有柔軟如棉的雙峰，讓男人埋頭憩息；沒有前凸後翹的身材，象徵多子多孫；只有真實、純粹的女孩力量。然而，即使布蘭妮在舞台上流露出現代年輕女性充足的自信，但控制她形象的人依舊忘不了多少世代以來魅惑女郎的傳承。布蘭妮二〇〇一年在MTV音樂獎頒獎典禮上，肩披大蟒、跨坐在虎背上載歌載舞，她舞台上的角色卻喚起了自古以來夏娃和掠奪者的形象，暗示了她性魅力的隱藏力量，以及她亟欲接納它的意願。目前她已經調節、緩衝，蓄勢待發。問題是，她要滿足誰的欲望？是準備掌握自己命運的年輕解放女郎？抑或是迫不及待準備迎接下一場刺激誘惑的年輕男士？抑或兩者皆是？

國家圖書館出版品預行編目資料
魅惑／珍・畢林赫斯特（Jane Billinghurst）著；莊靖譯
初版. 臺北市：三言社出版：家庭傳媒城邦分公司發行，
2006〔民95〕 192面；16×22.8公分
ISBN：978-986-7581-44-0（平裝）
1. 婦女–傳記 2.兩性關係
544.7 95015751

魅惑
Temptress

從妖婦、情婦到蕩婦的禍水紅顏史
From the Orignal Bad Girls to Women on Top

編著者　珍・畢林赫斯特 Jane Billinghurst
譯　者　莊　靖
美術設計　陳瑀聲

發行人　凃玉雲
總編輯　何維民
文稿編輯　張愛華
出　版　三言社
台北市信義路二段213號11樓
電話：（02）2356-0933 傳真：（02）2356-0914
發　行　英屬蓋曼群島商家庭傳媒股份有限公司城邦分公司
台北市民生東路二段141號2樓
書虫公司客服專線：（02）2500-7718；2500-7719
24小時傳真專線：（02）2500-1990；2500-1991
服務時間：週一至週五上午09:30-12:00；下午13:30-17:00
劃撥帳號：19863813；戶名：書虫股份有限公司
讀者服務信箱：service@readingclub.com.tw
城邦網址：http://www.cite.com.tw
香港發行所　城邦（香港）出版集團有限公司
香港灣仔軒尼詩道235號3樓
電話：（852）25086231 傳真：（852）25789337
馬新發行所　城邦（馬新）出版集團【Cite (M) Sdn. Bhd. (458372U)】
11, Jalan 30D/146, Desa Tasik, Sungai Besi
57000 Kuala Lumpur, Malaysia
電話：（603）90563833 傳真：（603）90562833
城邦（馬新）出版集團【Cite (M) Sdn. Bhd. (458372U)】
初版一刷　2006年9月25日

ISBN 978-986-7581-44-0
定價：360元